Veronika Puzio

Glühende Fichtenzweige

Lagerfeuer-Geschichten

Bibliografische Information der Deutschen Nationalbibliothek:
Die Deutsche Nationalbibliothek verzeichnet diese Publikation in der Deutschen
Nationalbibliografie; detaillierte bibliografische Daten sind im Internet über
http://dnb.d-nb.de abrufbar.

Wichtiger Hinweis: Die Autorin übernimmt keinerlei Haftung für vermeintliche
oder tatsächliche Schäden, die sich aus dem Gebrauch der in diesem Buch
angeführten Inhalte ergeben. Der Leser ist aufgefordert, selbst Verantwortung zu
übernehmen und zu entscheiden, was er wann, wo und wie umsetzen möchte.

© 2013 Veronika Puzio
www.vroya.de

Umschlaggestaltung: Veronika Puzio
Fotos/Zeichnung Feuer: Veronika Puzio
Korrektorat: Waltraud Puzio
Herstellung und Verlag: BoD - Books on Demand, Norderstedt

Printed in Germany

ISBN-13: 978-3-8482-4115-6

Widmung

Für alle Natur- und Wildnisbegeisterten!

Über die Autorin

 Veronika Puzio, geboren in Münster/ Westfalen, lebt in ihrer Wahlheimat im Chiemgau. Kindliche Neugier, die Lust Neues kennenzulernen und auszuprobieren, ließ sie verschiedenste Ausbildungen, Kurse und Berufe absolvieren und ausüben. Dabei kristallisierte sich die Liebe zur wilden Natur als roter Faden ihres Lebens heraus.

Derzeit arbeitet sie u.a. als Wildnispädagogin, Autorin, Mentorin, Ganzheitliche Lerntherapeutin und in der Reise-Journalismus-Branche.

Mehr im Internet unter: www.vroya.de

Inhaltsverzeichnis

Vorwort

Über ein Jahr ist seit der Veröffentlichung meines Buches „Knisternde Buchenzweige" vergangen, und aufgrund der vielen positiven Rückmeldungen habe ich nun den zweiten Band der Lagerfeuer-Geschichten fertiggestellt.

Die neuen Episoden erzählen von dem jetzt zwölfjährigen Daniel, der zusammen mit seiner achtjährigen Schwester Sophia erlebnisreiche Wochenenden bei den Großeltern auf dem Land verbringt. Diese bringen ihren Enkeln verschiedene Themen einer naturverbundenen, alles Leben achtenden Lebensweise nahe, wobei sie sich u.a. der traditionellen Lehrweise des Geschichten-Erzählens bedienen.

Der Aufbau des Buches ist gleich geblieben (Für Leser, die den ersten Band nicht kennen: Das Buch besteht aus einer zwölfteiligen Rahmenhandlung und jeweils darin integrierten, eigenständigen Erzählungen.).

Durch die unterschiedliche Schreibweise (kursiv/gerade) sind die Geschichten der Großeltern im Gesamttext schnell zu finden. Die darin verpackten Wildnisthemen sind im Inhaltsverzeichnis mit aufgeführt.
Sie haben einen Bezug zum jeweiligen Monat bzw. zur Jahreszeit, wodurch sich das Buch sehr gut zum bewussten Erleben des Jahres eignet.

Möge ein Funken der Verbundenheit mit allen Lebewesen zum Leser oder Zuhörer hinüberspringen!

Veronika Puzio, im März 2013

1

Daniel scharrte mit den Füßen im Laub. Ihm war kalt, weil er hier einfach nur so dumm an einen Baum gelehnt herumsaß. Gut, den Platz hatte er ja selbst ausgewählt, aber die Idee, eine halbe Stunde lang ruhig an einem Platz zu sitzen und das mitten im kalten Januar, war von Großvater gekommen. Er hatte gemeint, dass es jetzt an der Zeit wäre, dass Daniel und Sophia sich noch mal anders mit der Natur beschäftigen sollten.

Es lag zwar kein Schnee, aber es war so richtig kalt, auch hier im Wald, wo sie sich ihre Plätze gesucht hatten.

Daniel schaute zu seiner jüngeren Schwester hinüber. Sie saß vielleicht zwanzig Meter schräg links unter ihm ebenfalls an einen Baum gelehnt. Sie hatte ein Stöckchen in der Hand, das sie gedankenverloren hin- und herbewegte.

Großvater war sogar selbst mitgekommen. Daniel konnte nur einen Teil seiner Beine und Füße sehen, der Rest wurde von dem dicken Baum versteckt, an dem es sich sein Großvater gemütlich gemacht hatte.

Daniel war den Hang am höchsten hinaufgegangen, so dass er jetzt die beiden anderen im Blick hatte. Na ja, einigermaßen jedenfalls. Großvater schien nämlich irgendwie mit der Umgebung zu verschmelzen, so dass Daniel immer erst wieder den Hang rechts unter sich mit den Augen absuchen musste, um die sichtbaren Körperteile seines Großvaters auszumachen.

Gott, war das langweilig! Daniel fand eine Bucheckernkapsel und warf sie in Richtung seiner Schwester. Sie landete vielleicht eine Handbreit neben Sophia im Laub. Seine Schwester zuckte erschrocken zusammen. Aber sie war schlau genug zu erahnen, dass ihr Bruder der Auslöser für das Geräusch gewesen war. Sie drehte sich wütend zu ihm um und schimpfte ohne Stimme auf ihn ein. Daniel grinste und schaute schnell zu Großvater hinüber, aber er musste feststellen, dass dessen Beine und Füße irgendwie weg waren. Wo war Großvater? Eben war er doch noch da gewesen! Daniel war sich sicher, dass er ihn gesehen hätte, falls er aufgestanden wäre. Oder hatte sich Großvater nur anders hingesetzt?

Bevor Daniel mehr in Erfahrung bringen konnte, hörte er den Krähenruf, den Großvater nachahmte. Dieses Rückrufsignal kam aber nicht aus der Nähe, sondern von weiter weg aus der Richtung des Hauses der Großeltern. Sophia und Daniel sprangen gleichzeitig auf, rannten und schlitterten den Hang hinunter und sprinteten über den Feldweg zurück zum warmen Heim.

An der Haustür empfing sie ihre Großmutter. „Schnell, kommt rein! Es ist ja richtig kalt hier draußen!" Die Kinder drängelten sich gleichzeitig durch die Tür, weil jeder der Erste sein wollte.

„Du hast mich erschreckt!", schimpfte Kleiner Spatz. Das war Sophias selbstgewählter Name an den Wochenenden bei den Großeltern.

„Echt?", fragte Flinkes Wiesel scheinheilig. Daniel hatte sich für diesen „Indianer-Namen" entschieden. „Vielleicht war ich das ja gar nicht und die Bucheckernkapsel ist vom Baum gefallen..."

„Und woher weißt du dann, WAS es war, was da neben mir hingeflogen ist?", fragte Kleiner Spatz immer noch sauer. Mist, seine Schwester war trotz der vier Jahre, die sie jünger war als Daniel, echt nicht dumm. Da hatte er sich ja super verraten. Heute war wohl nicht sein Tag...

Die Kinder gingen ins warme, gemütliche Wohnzimmer, wo Großvater es sich schon in seinem Sessel bequem gemacht hatte. Er zwinkerte seinen Enkeln fröhlich zu. Ihm war klar, dass er ihnen keine leichte Aufgabe gestellt hatte, obwohl sie einfach gewesen war.

„Na, du hast ja deinem Namen alle Ehre gemacht, Flinkes Wiesel", foppte Großvater Daniel. Doch bevor dieser etwas entgegnen konnte, sprach Großvater schon weiter: „Ich weiß schon, dass ich euch keine leichte Aufgabe gegeben habe. Und deswegen würde es mich wirklich interessieren, wie es denn genau für euch gewesen ist."

„Es war todlangweilig und rattenkalt!", platzte Flinkes Wiesel heraus. „Und sinnlos. Bestimmt hast du heute einen schlechten Tag und wolltest deinen Frust an uns auslassen."

Großvater lachte laut auf, während Kleiner Spatz kopfschüttelnd ihren Bruder betrachtete. Es war völlig klar, dass Großvater seine Enkel nicht hatte ärgern wollen. Da steckte immer viel mehr dahinter, auch wenn Sophia den Sinn ebenfalls nicht erkannt hatte.

„Kalt war mir auch nach einer Weile. Aber hauptsächlich auf der linken Seite. Dabei war es irgendwie nicht richtig windig, ich hab mir extra die Bäume und Büsche angeschaut. Die waren ganz ruhig."

‚Angeber!', dachte Daniel. Großvater dagegen zog anerkennend nickend die Augenbrauen hoch. „Toll, was du da beobachtet hast!"

Flinkes Wiesel runzelte die Stirn. „Was ist daran jetzt so toll?"

„Also bevor ich dich noch mehr frustriere, erzähle ich euch lieber eine Geschichte, die ein bisschen Licht in unseren Ausflug bringt, einverstanden?"

Da hellte sich Daniels Miene auf, als hätte jemand einen dunklen Vorhang weggezogen. Er schnappte sich die Decke, die zusammengefaltet auf dem Sofa lag, breitete sie aus und kuschelte sich hinein. Er war sogar wieder so weit versöhnt, dass er seine Schwester mit unter die Decke ließ.

Großvater lächelte, trank noch einen Schluck von seinem Tee und dann begann er zu erzählen:

(Eulenblick und Sitzplatz)

Conan saß auf einem dicken Ast nahe des Stammes und beobachtete seine Sprösslinge. Sie waren nun zehn Wochen alt und in rund einem Monat würden sie ohne ihre Eltern auskommen müssen.

Sonia, Conans Frau, landete geräuschlos neben ihm. „Und, was denkst du, werden unsere Kleinen gut zurechtkommen, wenn wir uns nicht mehr um sie kümmern?" „Tja, ich weiß nicht. Robbi macht mir ein wenig Sorgen. Die anderen beiden nicht. Aber unser Jüngster ist so ein unruhiger kleiner Kerl… Wie soll er nur jagen, wenn er ständig umherhüpft?"

Sonia schaute zu Robbi hinüber. Es sah so niedlich aus, wie der Kleine da in den Ästen herumturnte. Nur leider hatte ihr Mann recht. Mit der Jagd würde es schwierig werden, weil die Beutetiere Robbi früher bemerken würden als er sie, und außerdem war der kleine Kauz momentan auch eine leicht auszumachende Beute für andere Jäger...

„Ich glaube, ich werde noch mal mit ihm sprechen. So von Vater zu Sohn", entschloss sich Conan. Sonia legte den Kopf an seine Schulter und strahlte ihn glücklich an. „Du bist ein wundervoller Vater,

Conan! Unsere Kinder haben wirklich Glück!"

Der Waldkauz berührte zärtlich den Schnabel seiner Frau und flüsterte leise: „ICH bin der, der Glück hat! Denn DU hast dich für ein Leben an meiner Seite entschieden!" Mit diesen Worten hob er lautlos ab und landete ebenso leise neben seinem jüngsten Sohn.

„Hallo Paps! Ich hab dich erst im letzten Moment bemerkt!", rief Robbi erschrocken und gleichzeitig erleichtert. Conan legte liebevoll den Flügel um seinen Kleinen. „Komm, kuschel dich mal zu mir unter den Flügel, Robbi!" Das kleine Waldkäuzchen folgte der Aufforderung nur allzu gern. Es fühlte sich unter dem Flügel seines Vaters viel sicherer als ganz alleine auf dem Ast ohne irgendeinen Schutz.

„Und, wie geht es dir so, mein Sohn?", fragte Conan behutsam.

„Ich fürchte mich ein wenig, wenn ich ganz alleine bin", gestand Robbi. „Und…, ich…, ich glaub, ich hab einen Sehfehler", vertraute er dann seinem Vater an.

„Einen Sehfehler?" Conan sah besorgt und etwas verwirrt zu seinem Sohn herunter. „Wie meinst du denn das? Siehst du auf einem Auge schlechter als auf dem anderen?"

„Nein, das nicht. Aber ich kann irgendwie die Mäuse auf dem Acker nicht richtig scharf sehen. Michi, der kleine Steinkauz, kann das aber total gut", erklärte Robbi.

Conan verstand plötzlich. „Und deswegen hüpfst du immer so unruhig herum, nicht wahr? Doch ich kann dich beruhigen, das ist völlig in Ordnung so. Wir Waldkäuze sind mehr nachtaktiv, wir jagen also zu einer Zeit, in der die Umgebung sowieso eher undeutlich aussieht. Michi, als Steinkauz, jagt jedoch am Tag und von daher ist es für ihn wichtig, scharf sehen zu können."

„Lass uns ein kleines Experiment machen!", schlug er dann seinem Sohn vor. „Ja, gerne!", rief Robbi und war sehr froh, dass er sich seinem Vater anvertraut hatte.

„Gut, dann schau einfach mal geradeaus in die Ferne, ohne einen bestimmten Punkt zu fixieren. Kannst du das?", fragte Conan seinen Sohn. „Ja, das klappt gut!", freute sich Robbi.

„Schön! Kannst du auch, ohne deinen Blick zu ändern, den Baum hier links von uns sehen?" Robbi blickte weiter in die Ferne und wanderte mit seiner Aufmerksamkeit nach links. Und tatsächlich, er konnte den Baum sehen! „Ich kann den Baum sehen, ohne ihn anzuschauen!", rief Robbi begeistert. Sogleich begann er mit seiner Aufmerksamkeit weiterzuwandern und sah sich alles an, was derzeit in seinem Blickfeld war, ohne jedoch seine Kopfstellung zu verändern.

Plötzlich nahm er auf dem Acker eine Bewegung wahr. „Eine Feldmaus!", rief Robbi leise. Instinktiv spannte er die Muskeln an, als wollte er losstarten.

Conan spürte die plötzliche Muskelanspannung seines Sohnes und freute sich. Das war der Jagdinstinkt, der Robbi am Leben halten würde! „Das machst du richtig gut, Robbi!", lobte er den Kleinen leise.

„Wenn du nun deinen Kopf weiter zu einer Seite drehst, kannst du dir einen neuen Teil deiner Umgebung anschauen. Wichtig ist, den Blick einfach weiter in die Ferne gerichtet zu halten."

Robbi tat, wie ihm sein Vater vorgeschlagen hatte. Das war echt genial! Er stellte fest, dass er durch diese Art des Schauens Bewegungen sehr gut wahrnehmen konnte. Das war echt klasse! Die hin- und herhuschenden Feldmäuse wurden nun ja richtig auffällig für ihn!

„Verstehst du, warum es gut ist, so zu schauen? Dadurch, dass DU bewusste, ruhige Bewegungen machst, fällst du selbst relativ wenig auf, aber du nimmst ganz viel von deiner Umgebung wahr", erläuterte Conan weiter. „Wenn du den Kopf nach links und rechts drehst, hilft dir das auch, die genaue Richtung zu bestimmen, aus der du ein Geräusch hörst. Die flachen Federn in unserem Gesicht leiten Töne perfekt zu den Ohren, so dass du leicht feststellen kannst, wann du etwas mit beiden Ohren gleich gut hörst. Und schon hast du die wirkliche Richtung des Geräusches gefunden, selbst wenn es ganz dunkel ist und du überhaupt nichts sehen kannst."

Robbi probierte alles aus. Er wurde so aufmerksam, wie er noch nie gewesen war. Und jetzt war er nicht von Angst beherrscht, sondern von Neugier und Entdeckerfreude.

„Ich geb' dir noch eine Idee mit auf den Weg", sprach Conan. „Suche dir einen schönen Platz, von dem aus du einen guten Überblick über die Umgebung hast und trotzdem selbst geschützt bist. Diesen Platz suche immer wieder auf und mach die Übungen mit den Augen und den Ohren, die wir gerade besprochen haben. Erweitere sie und achte darauf, was du riechen oder schmecken kannst, wie sich die Luft anfühlt, der Ast auf dem du sitzt... Kurz gesagt, setze all deine Sinne ein und erforsche deinen Platz, ohne dich großartig zu bewegen. Wenn du das regelmäßig immer an deinem persönlichen Sitzplatz machst, dann wirst du dich schon bald genaustens auskennen. Du wirst wissen, wo wer wohnt, wann wer kommt, was wer bei welchem Wetter tut, wann für wen Gefahr droht, wem es gerade richtig gut geht usw. Und das sind die wichtigen Informationen, die du brauchst, um dich sicher und geborgen zu fühlen, um dich zu Hause zu fühlen, um immer genügend Nahrung zu finden und vor Feinden geschützt zu sein."

Conan machte eine kleine Pause in seinem Vortrag. Robbi hatte still und ganz aufmerksam zugehört.

„Das war jetzt eine ganz schöne Menge, was ich dir da so erzählt habe, was? Aber wir haben ja noch ein paar Wochen zusammen, in denen du alles üben kannst. Und wenn dir etwas unklar ist, kannst du mich noch fragen." Conan schaute sein Söhnchen an, das da immer noch unter seinem Flügel an ihn gekuschelt dasaß.

Robbi lächelte. „Danke Papa! Jetzt bin ich mir sicher, dass ich mich viel wohler fühlen werde. Ich werde ganz viel üben und dann werde ich uralt und glücklich, du wirst sehen!"

Conan fühlte, dass Robbi recht hatte und er war sehr beruhigt.

Und so flog er zusammen mit seinem Sohn zu Sonia zurück, unter deren Flügel links und rechts schon die anderen beiden Kinder ihren Platz gefunden hatten.

„Ah, jetzt kapier ich das!", rief Flinkes Wiesel. „Ich hatte überhaupt gar keinen Plan, was ich da im Wald machen sollte! Aber das könnte natürlich schon total spannend sein, einen Platz auf diese Weise zu untersuchen..."

„Man kann den Eulenblick übrigens auch beim Gehen anwenden, nicht nur im Sitzen", ergänzte Großvater seine Geschichte noch.

Dann grinste er: „Ja, ich weiß, es war ein bisschen gemein von mir, euch so gar keine Anleitung zu geben. Aber nun habt ihr die Möglichkeit, beim nächsten Mal den Unterschied festzustellen, wenn ihr auf die gleiche Art und Weise an eurem Platz sitzt, wie es Robbi gelernt hat."

„Ja, das war gemein von dir!", empörte sich Flinkes Wiesel grinsend. „Vor allem, weil du genau weißt, dass ich bei so was immer die Krise kriege!"

Mit diesen Worten sprang Flinkes Wiesel auf Großvaters Schoß und begann lachend einen kleinen Ringkampf mit ihm.

Kleiner Spatz lachte auch. Aber während die beiden rauften, schaute sie geradeaus in die Ferne und versuchte, sich auf die Ecke ihres Blickfeldes zu konzentrieren, wo Großvaters Sessel stand. Und tatsächlich, sie konnte die beiden sehen, ohne sie anzuschauen!

„Ich kann es, ich kann es!", rief sie begeistert, worauf Flinkes Wiesel mit dem Raufen aufhörte.

„Was kannst du?" „Ich kann euch sehen, ohne euch anzuschauen, mit diesem Blick in die Ferne!", frohlockte Sophia.

„Dann muss ich das auch gleich ausprobieren! Das geht ja gar nicht, dass meine kleine Schwester was kann, was ich noch nicht kann!"

Kleiner Spatz schmunzelte stolz, während sich Flinkes Wiesel auf Großvaters Schoß zurücklehnte und mit der Übung begann.

2

Der Februar war dieses Jahr so mild wie ein Frühsommer, so dass man schon hoffen konnte, dass sich die ersten Krokusse bereits auf den Weg durch die Erde ans Licht machten. Daniel und Sophia betrachteten die Wiese am Haus ihrer Großeltern genau. „Ich sehe noch keine", meinte Sophia. „Ich auch nicht. Vielleicht besser so. Falls es noch mal richtig kalt wird, erfrieren sie wenigstens nicht." Flinkes Wiesel wandte sich von der Wiese ab und schlenderte ein Stück die Einfahrt hinauf. Die Geschwister warteten auf ihre Großeltern, mit denen sie einen Spaziergang machen wollten.

Endlich ging die Haustür auf, und Großmutter und Großvater traten heraus. Sie hatten ihre Wanderstöcke in der Hand, einen Rucksack und Gerd, den Hund, dabei. „Endlich!", rief Sophia und hüpfte ihnen fröhlich entgegen.

Gemeinsam folgten sie Daniel und bogen dann von der Einfahrt aus in einen schmalen Pfad ein, der nur noch ein Hintereinandergehen erlaubte. Flinkes Wiesel und Kleiner Spatz gingen voran, die Großeltern hinterher. Flinkes Wiesel hatte einen zügigen Gang drauf, denn er wollte kraftvoll und cool wirken. Schließlich wurde er ja langsam ein richtiger Jugendlicher.

Kleinem Spatz dagegen war heute nach Hüpfen zumute. Sie summte leise vor sich hin und hopste dabei hinter ihrem Bruder her.

Nachdem sie eine ganze Weile gegangen waren, kamen sie zu einer kleinen Wiese, die jetzt richtig schön in der nachmittäglichen Sonne lag. Hier ließen sie sich nieder und Großmutter holte ein paar Schokoladenkekse aus ihrem Rucksack.

„Und, was habt ihr für Tiere gehört oder gesehen?", fragte Großvater seine Enkel.

„Oh, ich weiß nicht..., Vögel?", antwortete Kleiner Spatz. Sie dachte nach. Sie konnte sich gar nicht richtig erinnern, was auf dem Weg gewesen war. „Ich hab irgendwie nicht aufgepasst", gab sie jetzt zu.

Flinkes Wiesel war froh, dass seine Schwester nicht aufmerksam gewesen war. „Ich war auch mit den Gedanken ganz woanders. Ich hab meine Schritte beobachtet und gehorcht, welches Geräusch meine Schuhe machen."

Die Großeltern lächelten. „Wir wollten eigentlich mit euch üben, bewusster und unauffälliger draußen unterwegs zu sein", erklärte Großvater. „Habt ihr Lust dazu?"

„Ja, klar!", rief Flinkes Wiesel erfreut. „Kannst du uns erst noch eine Geschichte dazu erzählen?", fragte Kleiner Spatz, die sich ebenfalls darauf freute, wieder etwas Neues zu lernen.

Großvater schmunzelte. Es war ihm schon vorher klar gewesen, dass seine Enkel zunächst eine Geschichte dazu hören wollten. „Erinnert ihr euch noch an die Erlebnisse von Sven? Dem jungen Mann, der sich *bei einer Bergtour einen Bänderriss zugezogen hatte…?" Seine Enkel nickten eifrig. „Gut, dann erzähle ich euch jetzt, wie es mit ihm und Rainer weiterging, als sie das erste Mal gemeinsam unterwegs waren."*

„Au ja!", rief Kleiner Spatz begeistert. Die Kinder setzten sich gemütlich zurecht und Großvater begann zu erzählen:

(Fuchsgang)

Es war noch stockfinstere Nacht - so schien es Sven jedenfalls -, als er aus dem Auto stieg. Rainer und er waren ganz früh aufgebrochen, um gemeinsam zu wandern. Es war das erste Mal, dass Sven mit Rainer unterwegs war und auch das erste Mal nach seinem Bänderriss, dass er wieder eine Bergtour machte. Dieser Unfall am Berg hatte ihm gezeigt, dass man draußen noch sehr viel mehr erleben konnte, als er bis dahin gedacht hatte.

Sven war Sportler durch und durch, und so war es ihm immer wichtig gewesen, seine Leistungen kontinuierlich zu verbessern. Und obwohl er Sport häufig an der frischen Luft machte, hatte er von der Natur gar nicht so viel mitbekommen. Das hatte er allerdings erst festgestellt, als er plötzlich mit diesem Bänderriss völlig allein hoch oben am Berg hatte zurechtkommen müssen. Er war sich auch bis heute nicht sicher, ob alles so gut verlaufen wäre, wenn Rainer ihn damals nicht gefunden hätte.

Rainer war ganz anderes als Sven. Er kannte sich in der Natur supergut aus, egal, ob es um Pflanzen, Tiere, Wetter, Hüttenbau, Wasser, Nahrung etc. ging. Sven hatte das Gefühl, als würde Rainer fast zu einem Teil der Wildnis werden, sobald er in die Natur ging. Und Sven hatte außerdem festgestellt, dass es einem ein sehr gutes und sicheres Gefühl gab, wenn man jemanden dabei hatte, der sich so gut auskannte. Daher hatte er Rainer gebeten, ihn auf seinen Wanderungen begleiten zu dürfen. Und natürlich wollte Sven dabei all diese Dinge auch selber lernen.

So war es also dazu gekommen, dass sie heute Morgen gemeinsam losgezogen waren. Sven schulterte seinen Rucksack, brachte seine Stöcke auf die richtige Länge und schlug die Autotür zu. Rainer, der auf der anderen Seite des Autos stand, schaute kurz auf, sagte aber nichts. Auch er setzte seinen Rucksack auf, nahm seinen langen Haselnussstock in die Hand und drückte die Autotür leise zu.

„Gut, dann wollen wir mal los!", meinte Sven. Rainer nickte nur, sagte aber immer noch kein Wort. Sein Blick ging nach oben und er genoss für einen kurzen Augenblick das zarte Funkeln der Abermilliarden von Sternen. Genau in diesem Augenblick fielen die Überreste eines dieser glitzernden Lichtpunkte leuchtend in die Erdatmosphäre.

„Eine Sternschnuppe!", rief Sven begeistert. Er war Rainers Blick gefolgt und hatte gerade noch den Lichtstreif gesehen. „Das ist ein gutes Zeichen! Dann werde ich dieses Mal sicher gesund und munter wieder herunterkommen!" Rainer nickte lächelnd und die beiden Männer machten sich auf den Weg.

Zunächst folgten sie der breiten Forststraße ein gutes Stück hinauf. Sven lauschte dem vertrauten Geräusch seiner Stöcke. Es tat immer gut, wenn er hörte, dass er seinen Rhythmus gefunden hatte. Er dachte eine Weile über seine verschiedenen Bergtouren nach, bei denen er stets darauf geachtet hatte, dass er sich in irgendeinem Punkt verbesserte.

Als er sich jetzt zur Seite wandte, weil er Rainer etwas sagen wollte, stellte er fest, dass dieser gar nicht mehr neben ihm ging. Verdutzt blieb Sven stehen und schaute sich um. Er sah nur einen dunklen, sich langsam bewegenden Schatten, der auf dem hellen Belag der Forststraße langsam auf ihn zukam. „Rainer?", fragte Sven leicht verunsichert. Der Mond war nirgends zu sehen und die Sonne hatte noch nicht begonnen, den Himmel zu erhellen. „Ja?" Die freundliche, tiefe Stimme verriet beruhigenderweise, dass der Schatten wirklich Rainer war. „Verdammt dunkel hier, ich kann dich kaum sehen", antwortete Sven immer noch leicht nervös, während ihn der Schatten fast lautlos erreichte.

„Dann ist es an der Zeit, dass du anfängst mit den Ohren zu schauen", antwortete Rainer leise.

„Guter Witz! Du bist so leise wie eine Fledermaus, da kann ich dich gar nicht hören", erwiderte Sven jetzt auch mit gedämpfter Stimme.

„Danke für das Kompliment! Und, hast du eine Idee, wie du mich vielleicht trotzdem hören könntest?"

„Klar! Du musst einfach fester auftreten! Meine Stöcke sind viel lauter als deine Schritte", erläuterte Sven seine Beobachtungen.

Rainer lachte leise. „Gut wahrgenommen! Gegenvorschlag: Du packst jetzt mal deine Stöcke weg. Denn dann hörst du nicht nur meine Schritte, sondern auch die anderen Tiere, die noch in der Nähe sind."

„Was? Bist du verrückt? Es ist stockfinster hier!", entgegnete Sven entsetzt. „Hey, ich will mir nicht noch einmal irgendwas brechen oder reißen oder sonst was. Ich brauch die Stöcke!"

„Du brauchst sie nicht. Pack sie weg. Du hast gesagt, du willst die Natur auf meine Weise kennenlernen. Das geht nur, wenn du leise bist und nicht wie ein wildgewordener Brontosaurus den Weg hinaufstampfst." Rainers Stimme klang ruhig und bestimmt.

Sven schwieg einen Moment. Er fühlte sich hier im Dunkeln auch mit seinen Stöcken nicht völlig sicher. Wenn er allein unterwegs gewesen wäre, hätte er auf alle Fälle seine Stirnlampe angemacht, aber Rainer hatte schon, bevor sie sich auf den Weg gemacht hatten, klargestellt, dass die im Rucksack bleiben musste. Und jetzt sollte er auch noch die Stöcke wegtun?

„Du kannst mir vertrauen." Rainer spürte die Unsicherheit seines Freundes. „Ich werde dich führen."

„Ich bin der Blinde und du spielst meinen Blindenhund?" Sven lachte nervös. Schließlich aber schob er die Stöcke zusammen und befestigte sie an seinen Rucksack.

Rainer nahm Svens Hand und legte sie auf seinen Wanderstab, den er jetzt waagerecht hielt. „Du hast das hintere Ende des Stabes in der Hand und ich das vordere. Versuch einfach, dich vom Stab führen zu lassen. Und mach deine Ohren auf."

So gingen sie weiter. Rainer führte Sven sicher von der Forststraße runter und hinein in den dunklen Bergwald auf einen kaum auszumachenden, schmalen Weg. Hier war nicht mal mehr der Boden viel heller als die Umgebung. Sven versuchte lockerer zu werden und sich dem ruhigen Schrittrhythmus anzupassen, den Rainer durch den Stab vorgab. Nach einer Weile gelang es ihm ganz gut und er entspannte sich immer mehr. Er lauschte auf die Geräusche der Nacht. Es schien einiges los zu sein, doch Sven konnte all die verschiedenen Töne gar nicht richtig zuordnen. Auch hörte er seine eigenen Schritte immer noch recht laut. Dass Rainer vor ihm ging, konnte er nicht hören, sondern nur spüren.

Ganz allmählich wurde der Horizont heller und die Umgebung deutlicher. Schweigend gingen die beiden Männer auf immer schmaleren Pfaden den Berg hinauf.

Sven bemerkte schließlich, dass er immer wieder fast wie in eine Trance verfiel, völlig versunken in die Geräusche des beginnenden Morgens, getragen vom Rhythmus seiner Schritte, geführt von dem Stock in seiner Hand.

Sven und Rainer erreichten eine kleine Bergwiese, als die goldene Sonne gerade über den Berg vor ihnen kletterte. „Wow! Ist das schön!" Tief ergriffen stand Sven auf der Wiese. Die beiden Männer blieben schweigend stehen und beobachteten, wie die Sonne immer höher stieg und ihr Licht langsam von Gold zu Gelbweiß wechselte.

Dann erst suchten sie sich ein schönes Plätzchen und packten ihr Frühstück aus.

„Ach, geht's uns gut!" Sven legte sich mit dem Rücken auf die Wiese, ließ seinen Blick über den Himmel kreisen und seine Gedanken über die letzten Stunden. „Du hattest echt recht. Je mehr man mit seinen Ohren „sieht", desto sicherer wird man. Dann ist es selbst im Dunkeln gar nicht mehr so...., hm..., „unheimlich" klingt irgendwie, als wär' ich ein Kind, aber mir fällt grad kein anderes passendes Wort dafür ein."

„Ja, du hast das schon richtig gut gemacht!", lobte Rainer Sven. „Jetzt ist es an der Zeit, dass du noch lernst, anders zu gehen."

„Wie, anders?" Sven richtete sich wieder auf.

„Na, leiser, unauffälliger. Ich werd's dir zeigen. Zieh mal deine Schuhe und Socken aus", sagte Rainer, während er selbst die seinen auszog. Sven fiel erst jetzt auf, dass Rainer gar keine Bergschuhe, sondern dünne Lederschuhe trug, die eher an Mokassins erinnerten. „Wie, richtig barfuß meinst du?", fragte Sven etwas unschlüssig. „Ja! Richtig nackte Füße will ich sehen!", antwortete Rainer grinsend.

„Auch riechen?", fragte Sven lachend und begann seine Füße zu befreien. Rainer musste ebenfalls lachen. „Ich kann ja erst mal eine Runde spazieren gehen, bis sich der Geruch verflüchtigt hat!"

Als Sven mit nackten Füßen dasaß und Rainer erwartungsvoll ansah, stand dieser auf und begann zu erklären: „Das Ganze hat den wundervollen Namen „Fuchsgang". Es geht darum, dass du so auftrittst, dass du zum einen leise bist und zum anderen gleich spürst, wie der Untergrund ist, ob du z. B. auf einen Stock trittst oder aber auf Moos. Tragen wir Schuhe, treten wir in der Regel zuerst mit der Ferse auf und rollen dann nach vorne ab. Mit nackten Füßen machen wir es jetzt anders. Wir setzen zuerst die Außenkante des Fußes auf und rollen dann nach innen ab. Danach wird das Gewicht auf den vorderen Fuß verlagert. Nun setzen wir den anderen Fuß wieder zuerst mit der Außenkante auf, rollen nach innen ab und verlagern dann das Gewicht auf diesen Fuß..."

Während Rainer erklärte, führte er Sven den Schritt gleich vor.

„Das sieht irgendwie merkwürdig aus..." Sven schüttelte zweifelnd den Kopf, stand dann aber auf und versuchte den Schritt ebenfalls: „Also: Außenkante und nach innen rollen..., Gewicht verlagern... Ah…, ja, fühlt sich doch gar nicht so seltsam an, wie es zuerst aussah." Sven machte in der gleichen Weise ein paar weitere Schritte.

„Das machst du auch schon richtig gut!", lobte Rainer. „Jetzt geh noch ein bisschen in die Knie und sieh zu, dass dein Oberkörper auf einer Linie bleibt und nicht ständig auf und ab wippt. Das ist nämlich der typische Menschengang – für jedes Tier gleich erkennbar. Und schön aufrecht bleiben, den Blick in die Ferne gerichtet und wie eine Eule nichts direkt anschauen, sondern versuchen, alles in deinem Blickfeld wahrzunehmen wie beim Autofahren..., ja, genau so!"

Rainer schaute Sven noch eine Weile beim Üben zu, dann verschwand er für kurze Zeit im Bergwald. Als er wieder herauskam, hatte er einen langen, geraden Stock dabei, den er Sven übergab. „Hier, ich hab dir einen Stab besorgt, damit ich für den Rückweg meinen wieder für mich habe. Aber leise aufsetzen und nicht als Kartoffelstampfer benutzen." Sven lachte, ihm war inzwischen klar, dass ihm bei seinen Bergtouren sehr viel entgangen war, weil er einfach viel zu laut und auffällig unterwegs gewesen war.

„Gut, jetzt bist du ausgerüstet und weißt, wie man leise geht, dann können wir uns ja langsam wieder auf den Rückweg machen", sagte Rainer, nachdem sie noch eine Weile in der Sonne rumgelegen und dabei den Vögeln und anderen Tieren gelauscht hatten.

„Aber nicht barfuß, oder?", fragte Sven halb hoffnungsvoll und halb resignierend. Rainer lachte: „Doch, klar!" Und als er Svens leicht entsetztes Gesicht sah, fügte er schnell hinzu: „Na gut, nur hier, solange wir über diese Wiese gehen. Wenn wir unten auf den Weg kommen, packst du deine zarten Füße wieder in die klobigen Bergschuhe. Einverstanden?"

„Hey, du machst dich über mich lustig!", beschwerte sich Sven. „Nur ein bisschen", lachte Rainer. „Nein, im Ernst, es ist ja klar: Wenn du Barfuß-Gehen nicht gewohnt bist, dann piekt dich jedes Stöckchen oder Steinchen. Und du sollst doch mit Freude an diesen Tag zurückdenken…"

So wanderten die beiden also über die Wiese mit bloßen Füßen, im Fuchsgang und mit Eulenblick, und Sven staunte, dass er das schon richtig gut hinbekam. Unten am Weg angekommen zog Sven seine Schuhe wieder an, versuchte aber, die neue Gangart beizubehalten und sie zu trainieren, auch wenn das mit den schweren Schuhen lange nicht so einfach war wie mit nackten Füßen.

„Na wie gut, dass dieser Februar so warm ist!", freute sich Flinkes Wiesel und begann seine Schuhe auszuziehen. „Ist doch richtig, dass wir das jetzt auch ausprobieren sollen, oder?"

„Ja, natürlich!", antwortete Großvater und zog ebenfalls die Schuhe aus. Auch Kleiner Spatz und Großmutter befreiten ihre Füße.

„Ich mag Sven!", sagte Kleiner Spatz fröhlich. „Der ist irgendwie… ein bisschen… wie ein kleines Kind!"

Großvater betrachtete belustigt das kleine Mädchen neben sich. „Zumindest über die Natur weiß er nicht so gut Bescheid wie ihr, da hast du recht, Kleiner Spatz." „Aber Großvater, was anderes muss man ja auch nicht unbedingt so gut wissen", erklärte ihm seine

Enkelin ernsthaft.

Die Großeltern lachten. „Dann fang mal flott an zu üben!", sagte Großmutter. „Den Fuchsgang kann Sven nämlich jetzt schon und ihr noch nicht." Daran hatte Kleiner Spatz gar nicht gedacht. „Oh, ja! Aber das lernen wir ganz schnell, und dann wissen wir wieder viel mehr als er, weil den Eulenblick, den kennen wir ja schon lange!"

Und so übten sie eine Weile auf der kleinen Wiese, ehe sie sich wieder auf den Rückweg machten, barfuß natürlich, denn IHRE Füße waren es ja gewohnt, ohne Schuhe die Erde zu berühren.

3

Die schon warme Märzsonne schien fröhlich durch das noch zarte Laub der kleinen Gartenlaube, als Sophia und Daniel nach dem Frühstück dort hinrannten. Die Großeltern wollten sich hier mit ihnen treffen, um ihnen etwas zu zeigen, was sie wohl jeden Morgen machten. Mehr hatten sie ihren Enkeln nicht verraten.

„Was glaubst du, was sie uns zeigen wollen?", fragte Sophia ihren Bruder noch etwas außer Atem. „Hm, keine Ahnung... Was könnte man morgens so machen? Ich meine, ohne uns... Und das jeden Morgen?", überlegte Daniel.

Sophia fing an zu kichern. „Pieseln!", gluckste sie. Diese Gedanken lösten auch bei Daniel einen Lachanfall aus. „Pupsen!", alberte Sophia fröhlich weiter. „Ei... nen... Bob... in... die... Bahn... schick... ken...!", brachte Daniel mit Mühe zwischen dem Gegacker hervor.

Als sie sich gerade wieder einigermaßen beruhigt hatten, kamen die Großeltern aus dem Haus und gingen Hand in Hand auf die Gartenlaube zu. Obwohl Daniel seine Großeltern schon oft so liebevoll miteinander umgehend gesehen hatte, konnte er sich gar nicht so recht entscheiden, ob er das nun gut oder seltsam finden sollte. Jedenfalls hatte er es bei anderen älteren Leuten bisher nicht bewusst gesehen, dass sie so Hand in Hand gegangen waren. Auf der anderen Seite war es irgendwie auch total süß und machte Daniel ein ganz ungewohntes Gefühl im Bauch. Das musste doch wunderschön sein, wenn man nach so vielen gemeinsamen Jahren sich immer noch so lieb hatte, überlegte er. Mehr Zeit blieb ihm nicht darüber nachzudenken, da die Großeltern die Gartenlaube erreicht hatten und sich zu ihren Enkeln auf die Bank setzen.

Großmutter lächelte und fragte: „Na, was denkt ihr, was wir jetzt tun?" Sophia und Daniel schauten sich an und fingen beide sofort wieder an zu lachen. Auf die fragenden Blicke der Großeltern antwortete Daniel: „Wir haben eben schon überlegt, aber uns ist nichts Gescheites eingefallen."

„So, so, aber dafür ein Haufen Unsinn, wie es aussieht?", meinte Großvater augenzwinkernd und begann in seiner Tasche herumzukramen. Der Ausdruck „Haufen" machte es seinen Enkeln nicht gerade leichter, wieder ernst zu werden.

Großvater zog eine breite Muschel, die Feder eines Greifvogels, einen Beutel mit getrockneten Kräutern und Streichhölzer aus der Tasche.

„Wir räuchern!", rief Kleiner Spatz erfreut aus. Die Großeltern nickten lächelnd.

„Und was ist daran jetzt so besonders?", fragte Daniel. „Ihr räuchert doch auch, wenn wir was feiern." „Richtig!", antwortete Großvater. „Aber jetzt wollen wir euch zeigen, wie wir es jeden Morgen machen. Und wir wollen mit euch darüber sprechen, warum man eigentlich räuchert und was dabei so passiert..." „Ihr macht es also morgens anders als bei den Festen?", fragte Flinkes Wiesel weiter. „Räuchern die Indianer auch morgens?"

„Ja, wir zünden nicht einfach nur die Kräuter an und lassen sie mit ein paar guten Worten brennen oder werfen sie ins Feuer, sondern wir waschen uns sozusagen im oder mit dem Rauch. Und ja, auch die Indianer räuchern, jedenfalls die, bei denen wir waren. Aber das Räuchern ist keineswegs etwas typisch Indianisches. Das haben Menschen überall auf der Welt gemacht und machen es auch heute noch", erklärte Großvater. „So, habt ihr eine Idee, welches der vier Elemente die Muschel symbolisiert?"

„Die steht für das Wasser!", kam es wie aus der Pistole geschossen von Flinkem Wiesel. Jetzt war auch Kleinem Spatz klar, was Großvater wissen wollte. „Die Feder ist die Luft", rief sie fröhlich. „Hey, ihr seid ja super", rief Großvater überrascht aus. „Dann fehlt

noch die Erde, das sind die Kräuter", überlegte Flinkes Wiesel weiter.
„Und die Streichhölzer sind das Feuer", sagte Kleiner Spatz zufrieden.
„Gut, die Streichhölzer selber würden eher für die Erde stehen, aber die Flammen, die sie erzeugen, symbolisieren das Feuer, genau richtig. Außerdem steht auch noch die Glut der Kräuter für das Feuer und der Rauch, der dabei entsteht, für die Luft", ergänzte Großvater. „Wollt ihr nun zunächst eine Geschichte zum Räuchern hören?"
Das brauchte er natürlich nicht zweimal zu fragen, denn darüber freuten sich Flinkes Wiesel und Kleiner Spatz immer. Und so begann Großvater, die große Feder in seiner Hand behutsam hin- und herdrehend, zu erzählen:

(Räuchern)

Erik entzündete ein Feuer in der kleinen Höhle und schon bald wärmten die Flammen die Menschen, die nach und nach müde, erschöpft und durchnässt hereinkamen.

Sie waren auf der Suche nach einer neuen Heimat und hatten sich durch die dichten Wälder bis hier zu den Bergen hin durchgeschlagen. Zu allem Überfluss hatte es in den letzten Tagen auch noch zu regnen begonnen, so dass auch die dicken Felle nicht hatten verhindern können, dass alle bis auf die Haut nass geworden waren.

Alwina sortierte die Vorräte, um anschließend einen deftigen Eintopf daraus zu kochen, während die anderen – Männer, Frauen und Kinder – ihre Felle zum Trocknen ausbreiteten und sich an das Feuer setzten, um sich möglichst schnell wieder aufzuwärmen und trocken zu werden.

Erik ging zum Eingang der Höhle, wo die Männer das Holz für das Feuer wild durcheinander hingeworfen hatten. Er hackte und brach es in kleinere Stücke, und während er das tat, beobachtete er, dass die Stimmung in der Höhle äußerst gereizt war, alle herummaulten und sich gegenseitig anmachten.

Er seufzte betrübt, packte sich einige Hölzer auf den Arm und bemerkte dann, wie sich ein angenehmer, waldartiger Geruch in seine Nase schlich. Erik schnupperte an dem Holz und stellte fest, dass es die Fichtenscheite waren, die da so gut rochen. Er lächelte und schaute zu seiner Frau hinüber. Und als hätte sie es bemerkt, hob Alwina den Kopf und blickte ihn ebenfalls lächelnd an.

Erik verließ den Höhleneingang, durchschritt den Kreis der Menschen, die um das Feuer herum saßen, und legte behutsam, ja fast andächtig, das gut riechende Holz auf das Feuer. Es dauerte gar nicht lange, da verbreitete sich dieser Duft in der ganzen Höhle.

Und da geschah etwas Seltsames: Die Menschen schwiegen plötzlich, atmeten tiefer durch, lächelten sich auf einmal freundlich an und begannen schließlich sogar, sich ausgiebig und ausgelassen darüber auszutauschen, wie viel sie in den letzten Tagen doch gemeinsam geschafft hatten. Es war, als hätte der waldige Duft die dunklen Gedanken irgendwie fortgefegt und den Menschen neue Kraft geschenkt.

Erik war aus dem Kreis wieder herausgetreten und beobachtete den Wandel. Er ging zu Alwina, die ihn schon fröhlich erwartete.

„Was hast du ins Feuer gezaubert, dass jetzt die ganze Stimmung so viel besser ist?", fragte sie ihn leise, als er sich zu ihr hinhockte.

„Keine Ahnung. Meinst du, es könnte vielleicht von diesem Duft hier kommen?", antwortete Erik und hielt ihr einen gut riechenden Fichtenast unter die Nase.

Alwina sog den Duft tief ein und fühlte, wie Leichtigkeit und Klarheit sich in ihr ausbreiteten.

„Von welchem Baum ist das Stück?", fragte sie dann. „Von einer Fichte", erwiderte Erik.

„Du hast auch das Gefühl, dass der Stimmungswandel damit zusammenhängen könnte, oder?", vergewisserte er sich schließlich.

Alwina nickte. „Das müssen wir uns merken und noch mal ganz bewusst ausprobieren. Was meinst du, ob es noch andere duftende Hölzer gibt, die die gleiche Wirkung haben?", überlegte sie.

„Oder vielleicht eine andere, weil sie anders riechen. Ich werde auf alle Fälle mal ganz gezielt nach deutlich duftenden Bäumen Ausschau halten und dann etwas davon aufs Feuer legen, um die Wirkung zu testen", erklärte er ihr sein Vorhaben.

„Gute Idee! Ich werde dich dabei unterstützen. Mal sehen, was wir so herausfinden!" Dann gab Alwina Erik den großen Kessel mit dem

Eintopf, den er zur Freude der anderen über das Feuer hängte, so dass sie schon bald darauf auch ihren Hunger stillen konnten.

In den nächsten Tagen gingen Erik und Alwina oft gemeinsam zum Feuerholzsammeln und schnupperten dabei an den verschiedenen Bäumen herum, um herauszufinden, welche besonders stark dufteten.

Auf einem dieser Ausflüge machte Alwina dann eine Entdeckung.

„Erik! Komm mal her!", rief sie ihren Mann zu sich, der ein paar Meter weiter gerade an einem Baum herumroch. Alwina lachte. „Das sieht total witzig aus, wie du so den Baum beschnüffelst!"

Erik lachte auch und kam zu ihr herüber. „Wenn uns jemand dabei erwischt, heißen wir demnächst „Baumschnüffler" mit Nachnamen", meinte er grinsend. „Oh je!", rief Alwina belustigt. „Erik und Alwina Baumschnüffler, wie furchtbar!"

„Weißt du was?", fuhr sie dann wieder ernst fort. „Ich glaube, der eigentliche Duft kommt von dem Harz der Bäume. Riech mal hier an der Stelle, wo der Specht die Löcher in den Baum gemacht hat. Hier ist ganz viel Harz ausgetreten und es duftet enorm", erklärte Alwina ihre Entdeckung.

Erik besah sich den Baum, schnüffelte an der Baumwunde herum, dann an unverletzten Stellen und nickte schließlich. „Du hast recht. Es scheint das Harz zu sein. Das ist gut, davon sammeln wir eh immer was zum Feuer- und Fackelnmachen. Heute Abend lege ich mal etwas davon auf einen heißen Stein, so dass es schön langsam schmelzen kann."

„Gute Idee!", stimmte Alwina zu. „Kannst du sagen, ob das Harz, das du auf Vorrat hast, von Tannen oder Fichten ist?", fragte sie dann.

Erik dachte nach. „Hm, nicht wirklich. Ich würde sagen, das meiste ist von Tannen, da wir den Fichten hauptsächlich erst hier in der bergigen Gegend begegnet sind. Dann nehmen wir uns jetzt etwas von dieser Fichte mit und lassen es nach einem Harzstückchen aus meinem Vorrat schmelzen. Vielleicht riechen wir einen Unterschied", schlug er vor.

Und so machten sie es. Als das Feuer munter vor sich hinprasselte, legte Erik ein kleines Stückchen von dem Tannenharz, wie er vermutete, auf einen heißen Stein. Sogleich begann es zu schmelzen und es verbreitete einen angenehmen, leicht zitrusartigen Duft in der Höhle.

„Was machst du denn da?", wollte einer der Männer wissen. „Ich vertreibe die Dämonen aus der Höhle!", erwiderte Erik geheimnisvoll grinsend.

Der Mann lachte. „Das ist gut! Schließlich haben wir keinen unserer Priester mitgenommen, also brauchen wir jemand anderen, der sich um unsere Seelen, unseren Geist, um unsere Stimmungen und den Kontakt mit den unsichtbaren Welten kümmert!" Da stimmten alle zu und so konnte Erik in Ruhe weiterexperimentieren. Als das Harz verräuchert war, legte er ein Stück Fichtenharz auf den Stein. Wieder breitete sich mit dem Schmelzen ein angenehmer Duft in der Höhle aus, der jedoch waldiger und nicht so zitronenartig war. Die Stimmung der Menschen war beide Male fröhlich und gut.

„Es waren tatsächlich Harze von zwei verschiedenen Bäumen!", sagte Erik zu Alwina, als sie später beisammen saßen. „Ja, das habe ich auch so gerochen", entgegnete sie.

Ein paar Wochen später geschah es, dass Alwina an der Feuerstelle hockte und sich wieder mal um das Essen kümmerte. Irgendwie hatten mehrere Männer und Frauen plötzlich mit Fieber, Husten und Schnupfen zu kämpfen und konnten sich nicht mehr an den Alltagstätigkeiten beteiligen.

Alwina warf ein paar Wacholderbeeren in den Topf mit dem Hirsch-Gulasch. Auf einmal hatte sie die Idee, sie könnte ja auch mal die Beeren auf einen heißen Stein legen und verräuchern. Gesagt, getan und schon breitete sich der Duft in der Höhle aus. Sie legte immer wieder Beeren nach und kullerte die verkohlten ins Feuer. Ganz bewusst atmete sie den Rauch ein und hatte das Gefühl, richtig kraftvoll zu werden. Sie ging zu den Kranken, versorgte jeden mit Tee, wechselte die Kräuterwickel und fühlte sich dabei weiterhin kräftig.

Als Alwina sich wieder dem Feuer zuwandte, sah sie, dass eine der alten Frauen, die ebenfalls am Feuer saß, sich ein Tuch genommen hatte, das im Rauch über den Beeren gehangen hatte und damit nun ihr rheumatisches Handgelenk abrieb.

„Was machst du denn da?", fragte Alwina. Die alte Frau sah sie an und meinte: „Ach Kindchen, ich habe gesehen, wie die Elfen die Kraft der Beeren in das Tuch getragen haben, und so kann ich nun diese Heilkraft auf meinen Arm verteilen."

Alwina merkte sich den Hinweis und beobachtete in den nächsten Tagen den Arm der Frau. Da sie selber das Gefühl hatte, dass der Rauch der Wacholderbeeren sie kraftvoll machte, legte sie immer wieder Beeren auf den heißen Stein, bis alle Menschen wieder gesund waren.

So kam es, dass Alwina trotz des ständigen Kontakts mit den Kranken, selber nicht krank wurde. Auch das Handgelenk der alten Frau, die die Abreibungen mit den eingeräucherten Tüchern beibehielt, machte nach einigen Tagen kaum noch Probleme.

Alwina erzählte Erik von ihren Beobachtungen. „Das ist ja echt interessant!", staunte er. „Es scheint so, als gäbe es verschiedene Möglichkeiten, mit Räuchern etwas zu bewirken. Es verändert die Stimmung, hilft Krankheiten zu heilen und scheint vor diesen zu schützen. Jetzt müssen wir also nur noch herausfinden, was welcher Duft genau mit den Menschen macht!"

„...nur noch..." war so leicht dahingesagt, tatsächlich jedoch beschäftigten sich die beiden für den Rest ihres Lebens mit dem Verräuchern von Pflanzenteilen, denn nachdem sie zunächst hauptsächlich die Wirkungen der Harze verschiedener Nadelbäume erforscht hatten, experimentierten sie in der Folgezeit auch mit den vielen anderen duftigen Vertretern des grünen Volkes.

So wurden Erik und Alwina schließlich die Schamanen oder Priester ihres Stammes und konnten mit ihren Räucherungen viel Gutes bewirken. Das wiederum hatte zur Folge, dass es in ihrer Sippe bereits nach kurzer Zeit bei Problemen hieß: „Geh doch mal zu den „Riechers", dann geht's dir sicher bald wieder besser!", wodurch also – wie Erik ja schon bei ihren ersten Forschungen im Wald geahnt hatte – ein neuer Nachname im germanischen Raum entstanden war, der zum Glück jedoch viel besser als „Baumschnüffler" klang.

„Hihi, guten Tag, Herr Baumschnüffler! Das wär' ja voll lustig so ein Name", witzelte Kleiner Spatz herum. Flinkes Wiesel lachte auch. „Aber „Riechers" gibt es doch nicht wirklich als Nachname, oder?", fragte er dann. Großvater lächelte und meinte nur: „Das müsst ihr selber herausfinden..." „OK, wird am Montag gleich gegoogelt", beschloss Flinkes Wiesel.

„Gut. Wie ihr also in der Geschichte erfahren habt, wirken die Kräuter und Harze unterschiedlich auf unsere Stimmung, auf unseren Geist und auch auf unseren Körper", ergriff nun Großmutter das Wort.

„Uns interessieren heute erst mal nur die Pflanzen, mit denen man besonders gut Räume reinigen kann oder auch sich selber von negativen Energien befreien kann", erklärte sie weiter.

„Großmutter, was sind denn Energien? Was soll man da denn wegmachen?", fragte Kleiner Spatz. Zwar hatte sie das Wort schon oft gehört, aber wirklich etwas darunter vorstellen konnte sie sich nicht.

„Das ist eine gute und gar nicht so leicht zu beantwortende Frage", erwiderte Großmutter lächelnd. „Aber ich will es versuchen, wenn auch erst mal nur sehr vereinfacht: Es geht hier nämlich um etwas für die allermeisten Menschen Unsichtbares, das dennoch vorhanden ist. Nimm mal deine Gedanken, die sind doch eindeutig da, oder?"

„Na klar! Ich denke ganz viel!", stimmte Kleiner Spatz zu. „Oh, aber sehen kann ich sie nicht...", überlegte sie weiter.

„Man hört sie irgendwie", mischte sich Flinkes Wiesel ein. „Oder sieht Bilder oder einen Film so innen, aber das ist ja nicht der Gedanke selbst, oder doch? Schon seltsam...".

„Ja, seltsam ist es irgendwie", bestätigte Großmutter. „Die Gedanken sind da, aber unsichtbar. So ist es auch mit der Energie. Sicher habt ihr schon mal bemerkt, dass, wenn sich Leute in einem Raum streiten, es sich irgendwie ungut darin anfühlt. Da gibt es ja auch die Redensart: „Es ist dicke Luft im Raum", die das sehr gut beschreibt." Kleiner Spatz und Flinkes Wiesel nickten.

„Das, was sich da seltsam anfühlt, ist die Energie. Man sieht sie nicht, aber sie umgibt und durchdringt alles und jeden. Und sie kann sich gut oder schlecht anfühlen", fuhr Großmutter mit ihren Erklärungen

fort. „Und wenn wir spüren, dass sich die Energie, zum Beispiel eben in einem Raum, ungut anfühlt, dann wollen wir das verändern. Da kann man mit reinigenden Kräutern und Harzen, wie Salbei, Beifuß, Weihrauch oder Fichtenharz räuchern, und schon wird sich die Stimmung in diesem Raum wandeln. Oder, wenn ich merke, ich fühle mich irgendwie ausgelaugt und müde, dann kann ich z.B. mit Rosmarin räuchern, der mir wieder so richtig Kraft gibt."
Großmutter schaute ihre Enkel fragend an. „Soweit alles klar?" Flinkes Wiesel nickte. „Ja!", bestätigte auch Kleiner Spatz.
„Und ihr seid schon morgens so schlecht drauf, dass ihr erst einmal räuchern müsst?", fragte sie dann erstaunt.
Da mussten die Großeltern aber doch laut auflachen! „Nein, um Himmels Willen! Das wäre ja furchtbar!", beantwortete Großvater ihre Frage. „Wir räuchern morgens, um sozusagen Geist und Seele klar und rein zu machen. So, wie du mit Wasser den Körper morgens erfrischst."
„Ach so! Und wie geht das genau?", erkundigte sich Kleiner Spatz, die nun endlich wissen wollte, wie das Morgenritual der Großeltern aussah.
„Gut, dann zeigen wir euch das jetzt", sagte Großmutter. „Wir nehmen eigentlich immer Salbei, manchmal den Weißen Salbei, der aus Amerika kommt, oder aber unseren Gartensalbei. Die Wirkung ist bei beiden gleich. Auch Beifuß wirkt sehr reinigend, hat jedoch einen recht dunklen, erdigen Geruch, den man mögen muss.
Salbei bietet den Vorteil, dass man keine Kohle oder Glut benötigt, um damit zu räuchern. Man zündet ihn einfach an und lässt die Flamme wieder ausgehen, so dass das Kraut nur noch glüht und der Rauch nach oben steigt."
Während sie den Vorgang erklärte, zündete Großmutter das Bündel Salbei an, fächelte ein wenig mit der Feder darüber und legte es zurück in die Muschel, so dass sie beide Hände frei hatte, um den Kindern zu zeigen, wie sie sich mit dem Rauch „wusch".
„Nun kann man sich den Rauch mit beiden Händen ins Gesicht „schmeißen", wie man sich morgens kaltes Wasser ins Gesicht wirft. Zwei-, dreimal und dann nehme ich mit der einen Hand Rauch und

verteile ihn über den freien Arm. Jetzt Handwechsel, Rauch über den anderen Arm streichen, dann mit beiden Händen etwas Rauch nehmen und über das eine, dann über das andere Bein verteilen. Dann schöpfe ich wieder mit beiden Händen Rauch und verteile ihn hinter meinen Rücken. Nun kommt eine Handvoll Rauch zuerst auf mein Herz, dann eine auf meine Körpermitte, dem sogenannten Sonnengeflecht und schließlich noch eine auf meinen Unterbauch. Fertig!

Natürlich kann man auch einfach das Bündel Salbei nehmen und sich damit sozusagen „abwedeln".

Oder man lässt es in der Muschel und fächelt sich den Rauch mit der Feder überall um den Körper herum.

Wie man es macht, ist wirklich egal. Hauptsache, man hat den Rauch irgendwie um den ganzen Körper herum verteilt", schloss Großmutter ihre Erklärung ab.

Sie überreichte Flinkes Wiesel lächelnd die Feder und die Muschel mit dem Salbei: „Jetzt seid ihr dran!"

Dieser entschied sich für das „Rauchwaschen", wie er es von nun an nannte. Er fand es etwas ungewöhnlich, aber irgendwie machte es Spaß. Als Flinkes Wiesel fertig war, gab er alles an Großvater weiter.

„Du musst das jetzt auch noch mal genauso machen", sagte Kleiner Spatz zu ihm. „Dann hab ich es dreimal gesehen und kann es auch!"

„Gut, dann mach ich das!", erwiderte Großvater und „wusch" sich ebenfalls mit Rauch.

Als Letzte kam also Kleiner Spatz an die Reihe, und nachdem auch sie sich mit dem Rauch gewaschen hatte, fühlten sie sich alle vier richtig erfrischt und gestärkt für den Tag.

4

Sophia kam aus dem Haus gelaufen und flitzte zu ihrer Großmutter, die an den Holunderbüschen neben der langen Einfahrt auf sie wartete. Der April verabschiedete sich dieses Jahr so heiß, dass Sophia unbedingt erst ihre lange Hose hatte ausziehen wollen, bevor sie in der prallen Sonne mit ihrer Großmutter die ersten Hollerblüten erntete. Jetzt kam sie also in Jeans-Minirock und einem kurzen Top zurückgelaufen. Und natürlich lief sie barfuß, wie sie es, wenn es irgendwie aushaltbar war, immer bei den Großeltern machte.

„Da bin ich wieder!", rief sie fröhlich. „Ja, holla, jetzt bist du ja richtig sommerlich angezogen!", meinte Großmutter. Sie selber hatte sowieso schon ein Kleid angehabt, so dass ihr nicht so warm geworden war wie Sophia.

„Schau mal, der letzte Wind hat wohl einen Ast abgebrochen." Großmutter zeigte Kleinem Spatz die Stelle. „Vielleicht war es auch ein ganz dicker Vogel, der eben zu schwer für den Ast war...", überlegte Sophia. „Ja, das kann natürlich auch der Grund gewesen sein!", lachte Großmutter. Sie schnitt den Ast vorsichtig heraus. Die Blütendolden waren leider schon vertrocknet, so dass sie sie nicht mehr für den Hollersirup nutzen konnten. „Schade, jetzt ist der Ast ganz umsonst gestorben", meinte Kleiner Spatz und strich mitfühlend die Rinde entlang.

„Nun, das muss nicht sein", entgegnete Großmutter. „Du könntest ja noch ein Pfeifchen daraus schnitzen", schlug sie dann vor. „Ein Pfeifchen? Zum Flöten oder zum Rauchen?", fragte Sophia. Großmutter lächelte amüsiert: „Nicht zum Rauchen! Das wäre ja dann eher Großvaters Aufgabe! Ich dachte an eine kleine Pfeife zum Flöten, allerdings macht sie nur einen Ton. Also wenn du mal in Not bist oder wenn du deinem Bruder ein Zeichen geben willst..., dafür ist sie gut geeignet..."

„Au ja! Das ist toll! Reicht der Ast auch noch für eine zweite Pfeife? Dann könnte Flinkes Wiesel nämlich auch eine bauen!"

Großmutter warf einen prüfenden Blick auf den Ast und nickte dann. „Ja, das reicht leicht für zwei Pfeifen. Weißt du denn, wie man so ein Pfeifchen baut?", fragte sie Kleinen Spatz. Sophia schüttelte den Kopf und dann strahlte sie Großmutter an: „Aber du weißt doch bestimmt eine Geschichte dazu, oder?"

Großmutter musste lachen: „Du meinst, ich habe für jede Situation eine Geschichte auf Lager?"

Dann dachte sie kurz nach und nickte schließlich: „Ja, da fällt mir zufällig eine ein... Aber lass uns zuerst die Hollerblüten ernten, damit *wir sie schon mit den Zitronenscheiben einlegen können. Und dann suchen wir deinen Bruder und ich erzähle die Geschichte. Was meinst du?"*

„Ja, so machen wir das!", rief Kleiner Spatz voller Vorfreude. Also pflückten sie erst vorsichtig von jedem Holunderstrauch nur ein paar Dolden, bis sie genügend für den Sirup beisammen hatten, bereiteten ihn vor und machten sich dann auf die Suche nach Daniel.

Der lag mit einem dicken Buch im zarten Schatten einer großen Birke, aber als er hörte, was seine Schwester und seine Großmutter geplant hatten, klappte er es sofort zu und freute sich auf die Geschichte und die anschließende Schnitzerei.

Und da der Platz bei der Birke so schön war, setzten sich seine Oma und Kleiner Spatz auch dort hin und Großmutter begann zu erzählen:

(Hollerpfeife)

Es war kurz vor Mittag, als Tihana den Hügel hinauflief. Sie machte mit ihren Eltern Urlaub in den Bergen. Sie hatten eine kleine Hütte gemietet und genossen die Ruhe und Abgeschiedenheit, die im krassen Gegensatz zu dem lauten Leben der Großstadt stand, in der Tihanas Familie lebte.

Das Mädchen musste über viele Felsbrocken klettern, um endlich den kleinen Gipfel zu erreichen, wo sie sich umschauen konnte. Sie hatte ein bisschen die Gegend erkunden wollen, und obwohl ihre Eltern ihr verboten hatten, sich aus der Sichtweite des Hauses zu entfernen, hatte Tihana dem Drang nicht widerstehen können, die einzigartige Berglandschaft zu erforschen.

Berge waren nämlich etwas Besonderes für sie, da ihre Familie im Flachland wohnte. Wenn sie also mal sonntags die Großstadt verließen, um einen Spaziergang im Grünen zu machen, dann hatte man das Gefühl, als könne man kilometerweit über Wiesen und Felder schauen. Nicht die kleinste Erhebung gab es dort.

Aber hier gab es sie! Und wie schön all die großen und kleinen Hügel waren! Hauptsächlich handelte es sich um Almwiesen mit verstreut herumliegenden großen und kleineren Felsen, in deren Gesellschaft sich immer wieder einzelne Bäume oder kleine Baumgruppen befanden.

Tihana schaute zunächst etwas hektisch hin und her, doch dann erspähte sie hinter einem anderen Hügel etwas weiter unterhalb das Dach der kleinen Alm. Erleichtert atmete sie tief durch. Als sie irgendwann bemerkt hatte, dass sie ihr derzeitiges Heim gar nicht mehr sehen konnte, hatte sie zunächst überhaupt nicht mehr gewusst, wie sie zurückfinden sollte. Alle Hügel, Wiesen, Felsen und Bäume schienen sich plötzlich so ähnlich zu sehen, dass sie einfach nur panisch herumgerannt war. Doch jetzt wurde sie wieder ruhig.

Erleichtert setzte sie sich auf einen dicken Stein und schaute sich die Gegend genauer an. Sie saß hier hoch oben auf einem Hügel mit ganz vielen Felsbrocken, über die eine riesige Fichte zu wachen schien. Es gab auch noch ein paar andere Bäume, kleinere, die sich beim näheren Hinschauen als Holunder und Erlen erwiesen.

Tihana erhob sich und turnte ein bisschen durch die Felsbrocken. Ganz unerwartet gab einer dieser Steine nach und kippte. Tihana konnte sich nicht mehr halten und fiel in die gleiche Richtung wie der Fels, und das war nicht etwa nach vorne, sondern nach unten! Zum Glück war es nicht allzu weit abwärts gegangen, so dass sie sich beim Aufprall nicht ernsthaft verletzte, sondern nur einen riesigen Schrecken bekam.

Tihana rappelte sich mit klopfendem Herzen auf und stellte fest, dass sie in eine Art Höhle hineingefallen war. Nur dummerweise konnte sie den Rand des Lochs, durch das sie hineingekommen war, nicht erreichen, dazu war sie zu klein. „Nein!", dachte Tihana erschrocken. „Nein, bitte, bitte, lass es anderes sein!", betete sie panisch. Sie schaute sich in der dämmerigen Höhle um, doch es gab keine Möglichkeit, keine losen Steinbrocken, die groß genug und für sie doch leicht genug gewesen wären, um vielleicht eine Art Treppe zu bauen.

„Ich werde sterben!", dachte das kleine Mädchen entsetzt und begann lautlos zu weinen.

„Aber warum ruft sie denn nicht um Hilfe?", hörte Tihana eine dunkle Stimme fragen.

„Sie ist stumm. Sie hat keine Stimme", kam die Antwort einer sanften Frauenstimme.

Tihana schaute überrascht auf. „Wer seid ihr?", fragte sie stumm in die Finsternis der Höhle hinein.

„Aber sie hat gute Ohren! Sie kann uns hören!", sprach die warme dunkle Stimme voller Bewunderung. „Das ist ungewöhnlich für Menschen!"

„Ich glaube, da sucht sie schon jemand!", sprach die dunkle Stimme weiter. „Ich sehe einen kleinen Jungen aufgeregt hin- und herlaufen, der ganz laut „Hani!" brüllt."

„Hani, das bin ich, so nennen mich meine Familie und meine Freunde", erklärte Tihana stumm den Stimmen. „Und Raik ist mein Bruder. Er wollte eigentlich mit mir gehen, aber ich wollte unbedingt alleine was erleben. So bin ich schnell losgelaufen, als er noch auf der Toilette war... Wie dumm von mir...", setzte sie traurig hinzu.

„Mach mal ein bisschen Lärm da unten!", schlug die dunkle Stimme vor. „Du könntest Steine gegeneinander schlagen..."

„Eine gute Idee!", rief Hani hoffnungsvoll. „Danke für deine Hilfe!"

„Gern geschehen!", antwortete es warm und dunkel von irgendwo aus der Höhle. „Er kommt näher! Leg los!"

Tihana tastete im Halbdunkel nach einem größeren Stein, den sie noch einigermaßen gut in der Hand halten konnte und begann damit gegen einen anderen Stein zu hauen. Doch irgendwie machte das keinen Höllenlärm, wie es vielleicht nötig gewesen wäre.

„Hm, hier draußen hört man das kaum und dein Bruder ist noch sehr weit unten. Jetzt kommen noch zwei Erwachsene dazu. Sie sprechen mit ihm. Ich werde mal ganz kräftig winken!", sprach die dunkle Stimme hilfsbereit.

Raik hatte schon fast keine Stimme mehr, so sehr hatte er nach seiner jüngeren Schwester gerufen. Er machte sich große Vorwürfe, dass er nicht besser auf sie aufgepasst hatte. Dabei war er doch nur noch mal kurz zur Toilette gegangen, aber danach konnte er Tihana nirgendwo mehr finden. Zuerst hatte er sich noch nicht allzu viel dabei gedacht, hatte vermutet, dass sie sich absichtlich vor ihm versteckte, damit er sie suchen sollte. Aber dann war die Angst gekommen, dass seiner Schwester etwas passiert sein könnte und sie doch nicht um Hilfe schreien konnte...

Seine Mutter hatte Tränen in den Augen. „Wo seid ihr denn gewesen?“, fragte sie schluchzend.

„Hani ist doch einfach ohne mich losgelaufen“, erklärte Raik mit einem dicken Klos im Hals.

„Wir werden nun noch mal systematisch das Gebiet absuchen, und wenn wir sie bis drei Uhr nicht gefunden haben, rufen wir die Bergwacht. Dann haben die noch eine Chance im Hellen zu suchen. Ich glaube nicht, dass Hani allzu weit weggelaufen ist. Sie wird vielleicht ein bisschen die Richtung verloren haben, vor lauter Begeisterung über die schöne Berglandschaft“, meinte nun der Vater, der versuchte, einen klaren Kopf zu behalten. Doch auch ihm war ganz schwer ums Herz.

„Vielleicht dort oben!“, rief Raik hoffnungsvoll. „Seht mal, es sieht aus, als würde die große Tanne dort mit dem Ast winken und rufen!“

„Raik, Bäume können nicht winken und rufen, das ist der Wind“, nahm der Vater dem Jungen die Hoffnung. „Lasst uns hier mit dem Suchen beginnen“, setzte er hinzu, wobei er fast in die entgegengesetzte Richtung zeigte.

Raik schaute zu dem großen Baum hinüber. Noch immer wedelte dieser mit einem der Äste, während alle anderen Zweige ruhig blieben. Das konnte einfach nicht der Wind sein, der nur den einen Ast bewegte...

„Ich gehe trotzdem zuerst dort oben bei dem Baum schauen“, sagte Raik bestimmt. Sein Vater schaute ihn an und sah die Qual in seinen Augen. „In Ordnung, aber sei vorsichtig. Kein Risiko eingehen, hörst du?“

Raik nickte und lief dann los.

„Er kommt, dein Bruder kommt! Er hat mein Winken verstanden!“, freute sich die dunkle Stimme. Tihana schöpfte ebenfalls neue Hoffnung. Sie zitterte bereits, weil es in der Höhle viel kälter als draußen auf den Sommerwiesen war.

„Wer bist du eigentlich!“, fragte Tihana schließlich tonlos in den Raum. „Ich bin die große Wetterfichte, die du draußen gesehen hast“, antwortete die dunkle Stimme freundlich.

„Er kommt zu weit zu mir rüber!“, meldete sich plötzlich eine ganz neue Stimme. Sie klang heller und knarziger, weswegen sie Tihana irgendwie an Zwerge erinnerte.

„Ich bausch' mich mal auf, so dass er denkt, dass er hier unmöglich vorbeikommen kann", redete die neue Stimme weiter.

Raik hatte den Hügel erreicht und begann die Felsen hinaufzukraxeln. Als er ein Stück geklettert war, erkannte er, dass er hier nicht weiterkam. Eine dicke Grünerle – oder waren es mehrere? – schien förmlich den Weg zu versperren. Hier konnte seine Schwester unmöglich durchgekommen sein.

„Jetzt schlag mal wieder mit den Steinen", schlug die Fichte vor. „Das könnte er vielleicht hören." Tihana nahm erneut den Stein in ihre kalten Hände und schlug damit auf den anderen Stein. Die Kälte hatte ihr allerdings schon die Kraft genommen, so dass sie nicht mehr besonders feste schlagen konnte.

Raik kletterte auf die große Tanne zu. Als er zu ihr aufschaute, stellte er fest, dass es gar keine Tanne, sondern eine riesige Fichte war. So schön groß und majestätisch wurden Fichten fast nur oben in den Bergen. Aber wann sah man auch schon mal im Tal ein Fichte allein dastehen? Fast nie und von daher hatten sie dort auch kaum eine Chance, so schön zu wachsen. Allerdings hatte Raik das Gefühl, als würden sich die Fichten hier oben sowieso viel wohler fühlen, als unten...

„Hani!" Raik rief immer wieder den Namen seiner Schwester und lauschte, doch außer einer Lerche, die in einem der niedrigeren Bäume rief, hörte er nichts Auffälliges.

„Komm hier herauf, hier herauf!", flötete die Lerche unentwegt, doch der Junge schien sie nicht zu verstehen.

Raik schaute zu der großen Fichte, doch er konnte sich nicht vorstellen, dass seine Schwester durch diese Felsen so hoch hinaufgeklettert war. Er wollte noch ein Stückchen höher gehen, als seine Füße den Halt verloren und er mit dem Geröll nach unten rutschte. Zum Glück langsam und nicht allzu weit. Als er sich wieder gefangen hatte, schaute er erneut hoch. Nein, Tihana konnte unmöglich irgendwo da oben sein. Und doch hatte er das unbestimmte Gefühl, dass sie ganz in seiner Nähe war.

Leicht entmutigt setze sich Raik auf einen kleinen Felsen und schaute auf seine Uhr. Halb drei. Er betrachtete den Berghang, von dem die Stimmen seiner Eltern herüberklangen, die immer wieder den Namen seiner Schwester riefen. Bald würden sie zurückkehren und die Bergwacht rufen...

„Er kann dich nicht hören", hörte Tihana die sanfte Frauenstimme, die mit der Fichte gesprochen hatte, nun hinter sich. Sie drehte sich um und vor ihr stand eine wunderschöne Frau in einem langen weißen Kleid, das aus unzähligen Dolden kleiner weißer Blüten zu bestehen schien. Als sie sich jetzt auf Tihana zu bewegte, leuchtete zwischen den Blütchen immer wieder das frische Grün saftiger Blätter auf. Die Frau sah in diesem Kleid und mit ihrem langen rotschwarzen Haar, das ihr in sanften Wellen bis zum Po reichte, so schön aus, dass Tihana unwillkürlich an eine Fee oder einen Engel denken musste.

Die Frau lächelte sie freundlich an. „Ja, da liegst du vielleicht gar nicht so verkehrt", sagte sie fröhlich. Dann legte sie dem Mädchen einen weißen Mantel um die Schultern, der ebenfalls aus diesen unzähligen kleinen weißen Blüten zu bestehen schien. Tihana hatte gar nicht bemerkt, dass die Frau den Mantel in den Händen gehalten hatte.

Er war herrlich warm und gab Hani ein Gefühl von Geborgenheit. Sie setzte sich wieder auf einen der kleinen Felsen. „Was kann ich denn nur tun?", fragte sie die schöne Frau.

„Du brauchst etwas, mit dem du den Menschen dort draußen mitteilen kannst, dass du hier in der Höhle bist", antwortete diese. „Ich denke, es ist Zeit für ein kleines Geschenk, warte mal einen Moment."

Geduldig wartete Tihana, wobei sie die Augen kaum von der schönen Frau lösen konnte. Sie schien irgendwie von innen heraus zu leuchten, und dadurch war nun die Höhle in ein warmes, fast goldenes Licht getaucht.

Erst der heftige Windstoß, der plötzlich draußen durch die Bäume am Höhleneingang fegte, ließ Tihana den Blick von der Frau abwenden und nach oben schauen. Dem Holunderstrauch war bei dieser heftigen Windböe offensichtlich ein Ast abgeknickt worden, der nun durch die Öffnung hindurch bis direkt vor Tihanas Füße fiel.

„Bau daraus eine Pfeife, wie es dir dein Opa einmal gezeigt hat. Dann kannst du damit den Hilferuf pfeifen", erklärte ihr die feenhafte Frau.

„Oh ja, ich weiß noch genau, wie das geht!", rief Tihana und schöpfte neue Hoffnung. „Und das kleine Taschenmesser, das Opa mir mal geschenkt hat, habe ich immer dabei! Und es ist voll scharf!", verriet sie der schönen Frau weiter, wobei sie das Messer aus ihrer Hosentasche holte. Es war mit einem Karabiner und einer Kette an der Gürtelschlaufe befestigt, damit sie es nicht einfach so verlieren konnte.

Als Tihana sich dann an die Arbeit machen wollte, setzte sich die schöne Frau neben sie und schaute ihr zu.

„Wie heißt du eigentlich?", fragte Tihana.

„Oh, ich habe viele Namen", antwortete die Frau lächelnd. „Du kannst dir einen aussuchen: Hel, Hella, Holla, Holda... Sicher kennst du Frau Holle aus dem Märchen, oder?"

„Aber das war doch eine alte, dicke Frau und keine so schöne und junge wie du!", lachte Tihana. Die Frau lachte ebenfalls.

„Holla..., ein schöner Name! Aber er erinnert auch ein bisschen an was Böses und die Hölle!", überlegte Tihana.

Darauf entgegnete die schöne Frau: „Als ein neuer Glaube zu den Menschen in dieser Region gebracht wurde, mussten die alten Götter böse und gefährlich gemacht werden, damit sich dieser neue Glaube an den einen Gott überhaupt durchsetzen konnte. Doch frage dein Herz, was fühlst du, wenn du hier neben mir sitzt? Hast du Angst oder fühlst du dich gut?"

Tihana schaute in die dunklen, sanften Augen dieser wunderschönen Frau und sie fühlte, dass dies kein Trugbild war, sondern dass hier ein liebevolles Wesen aus einer anderen Welt neben ihr saß, das sie beschützte und bei dem sie sich vollkommen geborgen fühlte. Ein herrlich warmes Gefühl breitete sich in ihrem Bauch aus und durchdrang sie schließlich vollkommen.

„Du bist eine gute Fee oder Göttin, und wenn meine Familie nicht da draußen wäre, dann würde ich für immer bei dir bleiben wollen“, antwortete Tihana schließlich.

„Ja, irgendwann zeige ich dir einmal mein sonniges Land, doch noch ist die Zeit nicht reif dafür, noch solltest du oberhalb der Erde sein. Und deswegen: Schnitze nun das Pfeifchen!“, erwiderte die feenhafte Frau.

„Ich bleibe bei „Holla“, das klingt schön!“, meinte Tihana und machte sich dann ans Werk: Sie schnitt ein gut Mittelfinger-langes Stück von einem der Zweige ab und ein weiteres, das aber dünner und ein bisschen länger war. Sie entrindete die beiden Teile und mit dem dünneren, das nun an eine Stricknadel erinnerte, konnte sie das weiche Mark aus dem dickeren Hollerzweig herausschieben. So entstand ein schönes kleines Röhrchen.

Nachdem Tihana dieses noch ein bisschen innen gesäubert hatte, schnitt sie das eine Ende schräg ab, allerdings nur bis zur Lochoberkante. Danach schnitzte sie die schräge Kerbe für die Luftöffnung. Als sie damit fertig war, schaute Tihana sich nach einem dünnen Zweig um, der so gerade in das Röhrchen hineinpassen würde. Als sie das passende Holz gefunden hatte, schnitt sie ein kleines Stückchen davon ab und presste es unten in die Flöte. Sie nahm ein weiteres Stück von dem dünnen Zweig und schnitt ein Drittel längs weg. Das restliche Aststückchen presste sie fest in den vorderen Teil des Röhrchens hinein, allerdings nur bis zum oberen Ende. Den überstehenden Teil am schrägen Mundstück schnitzte sie vorsichtig in gleicher Form ab.

„Fertig!“, sagte Tihana lächelnd und hielt Holla die Flöte hin. Die Fee nahm das Pfeifchen entgegen, betrachtete es von allen Seiten und blies dann hinein. Ein lauter, heller Ton ertönte in der Höhle.

„Sehr gut hast du das gemacht!“, lobte Holla Tihana. „Und nun wollen wir einen der dickeren Steine direkt unter das Loch legen. Dann stellst dich darauf und pfeifst das Notrufsignal. Kennst du das?“ Tihana schüttelte den Kopf. „Dann erkläre ich es dir gleich“, sagte die schöne Frau.

So schleppten sie gemeinsam einen der größeren Steine unter das Loch und Tihana stellte sich mit der Pfeife darauf.

„Schnell, kleine Hani!", rief plötzlich die warme dunkle Stimme. „Dein Bruder hat gleich deine Eltern erreicht und sie wollen dann die Bergwacht rufen!"

Raik hatte das Winken seiner Mutter verstanden und war den Hügel schweren Herzens wieder hinuntergeklettert. Nun ging er über die Almwiesen auf seine Eltern zu. Sein Vater hatte schon das Handy in der Hand, wollte aber mit dem Notruf warten, bis auch Raik bei ihnen war.

Doch bevor dieser seine Eltern erreichte, hörte er plötzlich ein helles Pfeifen! Zuerst drei kurze Töne, dann drei lange, dann wieder drei kurze und eine Pause. Dann wiederholte sich die Tonfolge.

„SOS! Hani lebt!", schrie Raik aufgeregt seinen Eltern zu. Schnell war er wieder still, um die Richtung zu bestimmen, aus der die Töne kamen.

Er hörte sie hinter sich. Der Hügel! Das Pfeifen kam von dem Hügel, an dem er gerade noch gewesen war!

„Hierher!! Sie ist hier!", brüllte Raik aus Leibeskräften und rannte zurück den Hügel hinauf. Als er die ersten Felsen erreichte, hielt er an, um erneut zu lauschen. Jetzt hörte er es viel lauter: „Tüt, tüt, tüt, tüüt, tüüt, tüüt, tüt tüt tüt...". „Ich komme, Hani, halt aus! Ich komme, wir retten dich!", rief er mit sich fast überschlagender Stimme in die Richtung des SOS-Pfeiftons.

Dann schaute er zurück und sah, dass seine Mutter auch schon losgelaufen war. Sein Vater hatte noch irgendetwas aus dem Auto geholt und kam nun ebenfalls hinterhergerannt. Raik kletterte vorsichtig weiter, denn ihm war klar, dass er seiner Schwester nicht helfen konnte, wenn er sich nun selbst hier verletzte.

„Hey, wie schön!!", hörte Tihana die Fichte begeistert rufen. „Sie kommen! Alle drei!"

Tihana schaute lächelnd zu Holla, die immer noch neben ihr stand. „Danke Holla! Ohne dich hätte ich das nicht geschafft!", bedankte sich Tihana.

Holla lächelte das Mädchen an: „Du hast es selber geschafft, ich habe nur ein ganz klein wenig an deinem Schicksal mitgesponnen. Und nun musst du weiterpfeifen, damit deine Eltern und dein Bruder in die richtige Richtung gehen!"

Tihana nickte und blies wieder in die kleine Hollerpfeife. Es dauerte gar nicht lange, da verdunkelte sich das Höhlenloch durch den Kopf ihres Bruders! Tihana winkte ihm erfreut zu! Sie war gerettet!

„Hani! Da bist du ja! Geht es dir gut? Bist du verletzt? Was ist das für ein schöner Mantel, den du da trägst? Wie kommt das Sonnenlicht in die Höhle?", fragte Raik aufgeregt. Tihana sagte ihm mit den Gesten der Taubstummensprache, dass es ihr gut ging. Raik steckte den Kopf wieder aus der Höhle und rief seinen Eltern zu: „Ich habe sie gefunden! Es ist alles OK!"

Erleichtert kletterten die Eltern über die restlichen Felsen bis zu der großen Wetterfichte.

Sie schauten durch das Loch zu ihrer kleinen Tochter hinunter, die da alleine mitten in der stockfinsteren Höhle auf einem Stein stand und ihnen glücklich zuwinkte. Der Vater machte eine Schlaufe in das Seil, erklärte Tihana, wie sie es sich umbinden sollte und ließ es durch die Öffnung herunter.

Tihana band sich das Seil um die Hüfte und schaute ein letztes Mal die gute Fee an. „Auf Wiedersehen, Holla! Ein bisschen traurig bin ich jetzt doch, dass ich gehen muss. Ich werde dich vermissen…"

„Ich bin nie wirklich weit, nur wie auf der anderen Seite eines dünnen Vorhangs", tröstete Holla sie. „Und wenn du mit mir sprechen möchtest, dann such dir einfach einen Holunder, erzähl ihm alles, was dich bedrückt und dann lausche, was er dir antwortet…" Holla lächelte ihr aufmunternd zu und winkte, während Tihana langsam nach oben gezogen wurde.

Oben angekommen empfingen sie ihre Eltern und Raik voller Freude. Sie drückten und küssten sie, so glücklich waren sie, das kleine Mädchen wieder bei sich zu haben.

Als sie dann feststellten, dass Tihana nicht verletzt war und selber gehen und klettern konnte, machten sie sich zu viert vorsichtig auf den Rückweg.

Bevor Tihana den Platz verließ, streichelte sie noch die große Fichte. „Danke auch dir! Du hast dich so lieb um mich gekümmert!"

„Gern geschehen, Hani! Und nun pass gut auf dich auf!", antwortete diese und eine knarzige Stimme fügte hinzu: „Ja, pass gut auf dich auf, Mädchen!"

Tihana bedankte sich auch noch bei der dicken Grünerle und der Lerche, die jetzt in den Zweigen der Fichte sang: „Alles ist gut, alles ist gut!"

Als sie alle vier wieder glücklich an der Alm angekommen waren, zeigte Tihana ihrer Familie das kleine Pfeifchen, das ihr das Leben gerettet hatte. Ihr Vater nahm das Hölzchen, verschwand kurz in der Hütte und als er wieder herauskam, brachte er die Pfeife mit zurück, die nun an einem wunderschönen Lederbändchen hing. „So kannst du sie nicht so leicht verlieren!", sprach er, während er Tihana das Pfeifchen um den Hals legte.

Als Raik und Tihana dann am Abend endlich alleine in ihrem Zimmer waren, fragte Raik: „Hani, von wem war der schöne Mantel? Und wo kam das Licht her? Und wo ist der Mantel jetzt?"

Tihana konnte gar nicht mehr sagen, ab wann sie den wärmenden Mantel nicht mehr getragen hatte. Sie hatte ihn Holla nicht bewusst zurückgegeben. Ob er jetzt nur unsichtbar war und sie ihn immer noch trug? Das war eine Frage, die sie dem nächsten Holunder, der ihr begegnete, auf alle Fälle stellen wollte.

Und dann erzählte sie ihrem Bruder das Abenteuer in allen Einzelheiten und sie freute sich, dass offensichtlich auch er etwas von Holla wahrgenommen hatte.

„Das klingt gar nicht so schwer mit der Pfeife", überlegte Kleiner Spatz.

„Heißt das also, dass der Holunderbaum der Baum der Göttin Hel oder Holla ist?", fragte Flinkes Wiesel, der die ganze Geschichte noch mal so im Geiste durchgegangen war.

„Ja, ganz richtig. Deswegen hat man Hollerbäume und -sträucher auch nicht abgeholzt, sondern im Gegenteil, jeder war froh, wenn er so einen heiligen Baum am Haus hatte. Man fühlte sich dadurch von der Göttin der Anderswelt beschützt", erklärte Großmutter.

„Und das Notrufsignal geht wirklich so wie in der Geschichte?", fragte jetzt Kleiner Spatz.

„Ja, das geht wirklich so", bestätigte ihr Bruder. „Das hab ich im Pfadfinderbuch gelesen." Auch Großmutter nickte.

Gerade, als sie sich zu dritt zurück zum Haus begeben wollten, um mit dem Schnitzen zu beginnen, kam Großvater mit Gerd, dem Hund, über die Wiese. Die Kinder liefen ihm entgegen und erzählten ihm aufgeregt, was sie nun vorhatten.

„Das passt ja gut, dass du jetzt zurückkommst", meinte Großmutter zu ihrem Mann. „Dann kannst du den Kindern ein bisschen über die Schulter schauen, während ich mich mit dem Mittagessen beschäftige!"

Genauso machten sie es und heraus kamen dabei zwei wunderschöne Hollerpfeifchen.

5

Die Luft in dem kleinen Wäldchen roch herrlich nach Frühsommer und verriet, dass dieser Tag viel Sonne und Wärme bereit hielt. Sophia und Daniel waren nach dem Frühstück hierher gekommen, weil sie die Zeit zum Fuchsgang-Üben nutzen wollten. Nun hielten sie Ausschau nach dem Sauerklee.

„Da, da vorne ist er!", rief Daniel seiner Schwester zu. Sophia kam zu ihm gelaufen und gemeinsam betrachteten sie die kleinen Pflanzen, deren Blüten noch geschlossen waren.

„Voll krass...!", rief Daniel überrascht aus. „Die Blüten sind echt noch nicht offen! Das ist mir ja noch nie aufgefallen!"

„Mir auch nicht", entgegnete Sophia. „Glaubst du, dass sie wirklich um 10 Uhr aufgehen, so wie Großvater gesagt hat?"

„Na ja, nachdem sie jetzt tatsächlich noch zu sind, wollte er uns anscheinend nicht veräppeln. Wir müssen den Sauerklee jetzt auf alle Fälle im Auge behalten."

Daniel schaute sich um und meinte dann: „Wir können es ja so machen: Du gehst von dem Waldrand hinter dir im Fuchsgang auf ihn zu und ich von dem hinter mir." Während er das sagte, deutete er nach Osten und Süden. „Und wenn wir wieder hier angekommen sind, können wir sehen, ob noch alle Blüten zu sind oder schon offen."

„Ja, OK, und dann sagen wir ab jetzt nichts mehr!", rief Sophia und lief zu ihrem Startpunkt.

Auch Daniel begab sich schweigend an den Waldrand und kehrte dann schön langsam, die nackten Füße ganz bewusst auf die Erde setzend, zu dem Sauerklee zurück. Er fand es immer wieder spannend so zu gehen, da er dabei das Gefühl hatte, als hätten seine Füße Augen. Er konnte ganz genau spüren, wie der Boden beschaffen war und was so herumlag.

Da sich die Geschwister Zeit ließen, dauerte es eine Weile, bis sie beide wieder beim Sauerklee ankamen. Und siehe da, die ersten Blüten waren geöffnet!

„Ist ja megakrass!", stieß Flinkes Wiesel erneut überrascht hervor und ging in die Hocke, um den Sauerklee genauer zu betrachten. „Dann muss es jetzt gegen 10 Uhr sein!"

„Komm, lass uns schnell nach Hause laufen und nachschauen!", rief Kleiner Spatz und sprintete sofort los. Flinkes Wiesel erhob sich wieder und rannte ihr hinterher.

Als sie am Haus der Großeltern ankamen, liefen sie direkt in die Küche, um sich die Uhr anzusehen. Und tatsächlich: Die Zeiger zeigten 10 nach 10 Uhr an!

Großvater kam herein und lächelte seine erstaunten Enkel an: „Das hat ja wunderbar geklappt! Ihr seid pünktlich zurück, dann können wir nun also losfahren!"

Großvater wollte nämlich mit den Kindern zu einem Bekannten fahren, dessen Stute gestern ein Fohlen geboren hatte. Und als Zeitpunkt der Abfahrt hatte er ihnen gesagt: „Wenn der Sauerklee seine Blüten öffnet, also gegen 10 Uhr!"

Natürlich hatten Sophia und Daniel das erst für einen Scherz gehalten, aber nun hatten sie es ja selbst beobachtet. Während der ganzen Fahrt bestürmten die beiden ihren Großvater mit tausend Fragen, bis er schließlich meinte: „Also bevor ihr mir noch mehr Löcher in den Bauch fragt, schlage ich vor, wir schauen uns jetzt erst mal das Fohlen an und wenn wir dann wieder zurück sind, erzählt euch Großmutter eine Geschichte zur sogenannten Blumenuhr. Dadurch werden sicher schon viele Fragen beantwortet sein..."

Damit waren Flinkes Wiesel und Kleiner Spatz einverstanden, und als sie schließlich wieder zu Hause waren, mussten sie sich noch bis zum Nachmittag gedulden, bis Großmutter sich endlich mit ihnen auf die Terrasse setzte und zu erzählen begann:

(Blumenuhr)

Es hätte so ein wunderschöner Tag sein können: Der Frühling befand sich auf dem Weg zum Sommer und die Blumen blühten in ihren buntesten Farben, die Blätter und Gräser schienen sich in ihren Grüntönen gegenseitig übertrumpfen zu wollen und der milde Wind trug zauberhafte Düfte durch die Luft.

Dennoch saß Emma dort am Waldrand auf der Wiese und weinte. Sie war zusammen mit ihrem Bruder Nils in den verbotenen Wald geschlichen, um ein paar von den nur dort wachsenden Erdbeeren für ihre kranke Mutter zu holen.

Ihrer Mutter ging es schon seit dem Winter nicht mehr gut, doch niemand konnte genau sagen, woran sie litt. Auch der heilkundige Ulf hatte ihren Zustand nicht wirklich bessern können.

Emmas Familie wohnte am Rande des Dorfes, in nächster Nachbarschaft zu dem Wald, den die Dorfbewohner inzwischen den „verbotenen Wald" nannten. Darin hauste eine sehr heilkundige, alte Frau, die genauso aussah, wie man sich die böse Hexe in einem Märchen vorstellte. Früher, als sie noch jung gewesen war, war sie im Dorf gern gesehen, doch die Menschen verstanden nicht viel von der Heilkunst, die sie betrieb, und so war sie ihnen immer auch irgendwie unheimlich vorgekommen. Und deswegen wollte niemand etwas mit ihr zu tun haben, außer wenn es um die Heilung von Krankheiten ging. So wurde die Frau mit dem Alter immer einsilbiger und auch griesgrämiger. Das wiederum vergrößerte die Angst der Dorfbewohner und schließlich fürchteten sie sich so sehr vor der Frau, dass sie sie eines Tages aus ihrem Dorf vertrieben und ihr verboten hatten, es je wieder zu betreten. Die Alte hatte daraufhin das Dorf verflucht und den Menschen gedroht, jeden, der den Wald betreten würde, zu verhexen und zu ihrem ewigen Diener zu machen.

Nach dieser Drohung wagte sich nun niemand mehr in den Wald, obwohl er wunderschön war und seltene Pflanzen in ihm wuchsen.

Eine der ältesten Frauen im Dorf hatte nun vor einigen Tagen, nachdem sie Emmas Mutter besucht hatte, den Kindern erklärt, dass ihre Mutter an dem Fluch der Hexe litt. Die einzige Hoffnung auf Heilung würde darin bestehen, ihr drei von den außergewöhnlichen Erdbeeren zu essen zu geben, die nur in dem verbotenen Wald wuchsen.

Nils hatte sich sofort bereit erklärt, die Erdbeeren zu holen, doch sein Vater hatte mit Tränen in den Augen versucht, es ihm auszureden. Die Hoffnung auf Heilung seiner Frau hatte ihn längst verlassen und er wollte nicht auch noch seinen Sohn verlieren.

Doch die Kinder spürten, dass dies die einzige Möglichkeit war, ihre Mutter zu retten, und so hatten sie sich gemeinsam auf den Weg in den Wald gemacht, als ihr Vater zur Arbeit gegangen war. Sie hatten geglaubt, dass sie zu zweit leichter mit der Hexe fertig werden würden.

Nils und Emma hatten gar nicht weit in den Wald gehen müssen, um die Erdbeeren zu finden. Gerade, als Emma die erste pflücken wollte, war plötzlich die alte Frau vor ihnen gestanden und hatte einen riesigen Umhang über Nils geworfen. Er hatte geschrieen und gestrampelt, doch er hatte nicht mehr unter dem Umhang hervorkommen können.

„Dein Bruder gehört jetzt mir. Verschwinde von hier, eh ich dich auch noch mitnehme", hatte die alte Frau gedroht und war mit einem Stab in der Hand auf Emma zu gegangen. Das Mädchen war vor lauter Angst einfach nur ganz schnell aus dem Wald gerannt und weinend auf der Wiese zusammengebrochen.

Emma lauschte schluchzend immer wieder in den Wald, doch sie hörte nichts mehr von ihrem Bruder. Die Sonne begann langsam gen Westen zu wandern und immer noch saß Emma weinend da. Sie konnte doch unmöglich ohne ihren Bruder nach Hause zurückkehren. Der Gedanke an die Tränen in den Augen ihres Vaters und die sterbende Hoffnung in den Augen ihrer Mutter war unerträglich.

„Nun, ich habe es mir anders überlegt", hörte Emma plötzlich eine strenge und doch freundliche Stimme hinter sich. Sie sah erschrocken auf. Am Waldrand stand die alte Frau mit ernstem, aber nicht unfreundlichem Gesicht.

„Dein Bruder hat mir erzählt, warum ihr in den Wald gekommen seid", sprach die Alte weiter. Sie schaute einen Moment schweigend zu dem Haus in der Ferne, in dem Emmas Mutter mehr tot als lebendig lag.

„Weißt du, deine Mutter ist nicht an meinem Fluch erkrankt. Das hat die Frau nur erfunden, um mich als böse Hexe dastehen zu lassen", erklärte die alte Frau mit einem verbitterten Unterton in der Stimme. Doch dann wurde sie wieder ganz freundlich.

„Es gibt Krankheiten, die werden durch winzigste Lebewesen verursacht, so klitzekleine, dass man sie nicht mal mit einem normalen Vergrößerungsglas sehen kann. Dazu bräuchte man ganz spezielle, extremst vergrößernde Gläser. Wenn man die Anwesenheit dieser Minilebewesen richtig erkennt und auch weiß, welche es sind, dann kann man das richtige Heilmittel dagegen finden. Im Fall deiner Mutter sind es tatsächlich diese besonderen Erdbeeren."

„Aber die Frau aus dem Dorf, die uns gesagt hat, dass die Erdbeeren helfen, ist doch gar keine Heilkundige. Woher hat sie gewusst, was meiner Mutter hilft, wenn man diese Lebewesen gar nicht sehen kann?", fragte Emma verwirrt.

„Weil ihre Tochter vor vielen, vielen Jahren an der gleichen Krankheit litt. Damals habe ich dem Mädchen die Beeren zu essen gegeben, jeden Tag eine, insgesamt drei. Als ihre Tochter daraufhin wieder gesund wurde, wollte die Frau unbedingt wissen, woran man diese Krankheit erkennt und wie ich sie geheilt hätte. Sie glaubte mir das mit den Erdbeeren nicht so recht, aber offensichtlich hat sie es sich doch gemerkt..." Die Alte machte eine Pause.

„Nun, viele Jahre sind vergangen, man hat mich verjagt und niemand hat sich seither um mich gekümmert. Dennoch will ich euch eine Chance geben. Du wirst hier bleiben, in diesem Kreis." Mit diesen Worten zog die alte Frau mit dem langen Stab in ihrer Hand einen weiten Kreis um Emma. Sie warf ihr eine Decke zu.

„Morgen, genau um 10 Uhr kommst du zu der Stelle im Wald, wo ich euch heute entdeckt habe. Bist du pünktlich, darfst du eine Beere pflücken und sie deiner Mutter bringen. Danach kehrst du in den Kreis zurück. Bist du jeden Tag pünktlich, wird deine Mutter wieder gesund werden und ich werde deinen Bruder laufen lassen. Bist du unpünktlich, wird deine Mutter sterben und dein Bruder für immer bei mir bleiben."

Noch bevor Emma etwas darauf erwidern konnte, hatte sich die Alte umgedreht und war im Wald entschwunden.

„Woher soll ich nur wissen, wann es zehn Uhr ist?", schluchzte Emma erneut. Sie kuschelte sich in die Decke, die erstaunlich warm war und legte sich erschöpft auf die Wiese.

„Keine Angst, kleines Mädchen!", hörte Emma eine leise Stimme. „Wir werden dir helfen. Doch jetzt schlaf erst einmal, damit du morgen pünktlich sein kannst."

Emma richtete sich auf und schaute sich irritiert um. „Wer hat da mit mir gesprochen?", fragte sie und schaute in alle Richtungen, doch es war niemand zu sehen.

„Ich war das!", meldete sich die Stimme wieder. „Hier unten, das Gänseblümchen, ja genau, jetzt schaust du mich an."

Emma starrte fassungslos auf das kleine Blümchen. „Du kannst reden?", fragte sie schließlich.

„Na hör mal!", entgegnete das Gänseblümchen entrüstet. „JEDE Pflanze kann reden! Aber nicht jeder Mensch hat die Ohren, es zu hören!"

„Oh...! Das hab ich nicht gewusst", entschuldigte sich Emma. „Schön, dass du da bist und mit mir sprichst, dann bin ich nicht so allein..."

„Allein?", amüsierte sich das Gänseblümchen. „Schon mal rumgeguckt? Hier wimmelt es doch nur so von Lebewesen aller Art. Na ja, nur von deiner Sorte sind gerade nicht sehr viele da, nämlich nur du. Aber allein bist du deswegen ja nun wirklich nicht!"

Emma schaute sich müde um, und während sie die unzähligen Pflanzen wahrnahm, die vielen Tiere, die hier noch herumflogen, krabbelten oder liefen, wurde ihr ganz warm ums Herz und sie sank in einen traumlosen Schlaf.

Am nächsten Morgen weckte die Sonne sie mit ihren ersten Strahlen. Emma beobachtete den Sonnenaufgang und überlegte fieberhaft, wie sie die Uhrzeit bestimmen sollte. Oder würden ihr die Pflanzen wirklich helfen können?

„Guten Morgen!", hörte Emma irgendwann neben sich. „Ich sehe, du bist schon ganz unruhig und fragst dich, wie du pünktlich sein kannst. Also der Experte für „Zehn Uhr" ist unser Freund, der Sauerklee. Er ist ein Langschläfer und öffnet seine Blüten erst um zehn Uhr. Wirf mal einen Blick in den Wald, da kannst du sehen, dass er noch schläft", erklärte das Gänseblümchen.

Emma stand auf und ging bis an den Rand des Kreises, den die alte Frau um sie herum in den Boden gezogen hatte. Der Kreis berührte an einer Stelle den Waldsaum, und so konnte Emma den Sauerklee gut sehen, der im Schatten der Bäume wuchs.

Sie setzte sich dort auf die Wiese, um ihn weiterhin gut im Blick zu behalten. Der Vormittag zog dahin und plötzlich sah Emma, wie sich die kleinen weißen Blüten öffneten.

„Jetzt!", rief sie überrascht aus und stand auf. „Genau! Also ab Marsch in den Wald!", ermunterte sie das Gänseblümchen.

Emma lief los und erreichte schnell die Stelle, an der sie ihren Bruder das letzte Mal gesehen hatte.

„Du kommst zur rechten Zeit!", sprach die alte Frau anerkennend, während sie hinter einem Baum hervortrat. „Du darfst eine Beere pflücken und sie deiner Mutter bringen. Danach kehrst du in den Kreis auf der Wiese zurück. Morgen früh erwarte ich dich hier pünktlich um acht Uhr."

Emma nickte, nahm eine der Erdbeeren und lief damit so schnell sie konnte zu ihrer Mutter. Sie fand sie bleich im Bett liegen, mehr tot als lebendig. Emma setzte sich zu ihr: „Schau Mama, was ich dir mitgebracht habe!" Die Mutter öffnete die Augen, und als sie die Erdbeere in Emmas Hand sah, lächelte sie hoffnungsvoll. Das Mädchen legte ihr die Beere vorsichtig in den Mund. Nachdem die Mutter die Frucht heruntergeschluckt hatte, wurde sie sehr müde. Sie drückte lächelnd Emmas Hand und schlief ein.

Emma legte etwas Brot, ein paar Äpfel und eine Flasche mit Wasser in einen Korb und lief damit zurück zur Wiese. Dort blieb sie dann in dem Kreis, wie es die Alte ihr aufgetragen hatte.

„Morgen muss ich schon um acht Uhr im Wald sein", erklärte Emma dem Gänseblümchen. „Kein Problem", antwortete dieses. „Achte auf das Habichtskraut dort drüben. Wenn es seine Blüten öffnet, gehst du los."

Emma schaute in die Richtung, in die das Gänseblümchen gezeigt hatte. Dort stand ein gelbes Blümchen, das man leicht mit Löwenzahn hätte verwechseln können. Voller Hoffnung und eingekuschelt in der warmen Decke verbrachte Emma erneut eine traumlose Nacht. Wieder weckten die Sonnenstrahlen das Mädchen und ein wunderschöner Sonnenaufgang begrüßte den Tag.

Emma drehte sich zu dem Habichtskraut und betrachtete es genau. Die Blüten waren noch geschlossen, und so ließ Emma die Blume nicht aus den Augen.

Irgendwann war es dann soweit und die Blüten öffneten sich. Emma stand sofort auf und lief in den Wald.

Als sie bei den Beeren ankam, stand dort schon die alte Frau.

„Sehr gut, sehr gut! Du kommst zur rechten Zeit!", lobte sie Emma. „Nimm eine der Beeren und bring sie deiner Mutter. Danach kehrst du zurück in den Kreis. Und morgen erwarte ich dich um 6 Uhr am Abend."

Emma nickte, nahm eine Beere und brachte sie ihrer Mutter. Sie freute sich, als sie ihre Mutter sah, denn diese wirkte irgendwie schon etwas gesünder. Die Mutter aß auch die zweite Beere und schlief gleich darauf wieder ein.

Als Emma sich wieder in den Kreis auf die Wiese gesetzt hatte, erzählte sie dem Gänseblümchen, wie alles gelaufen war. „Morgen muss ich erst am Abend in den Wald, um sechs Uhr. Kennst du vielleicht auch eine Pflanze, die dann erst aufgeht?"

„Oh ja!", antwortete das Gänseblümchen. „Die Nachtkerze! Sie ist ein Nachtschwärmer und ein Einwanderer! Es gab sie nämlich nicht schon immer hier. Siehst du dort drüben den Steinhaufen? Die aufrechte Blume dort, das ist eine Nachtkerze. Ihre Blüten gehen innerhalb einer Minute auf, so schnell ist hier sonst keine Blume."

„Aber warum sind eigentlich nicht die Blüten aller Blumen von Sonnenaufgang bis Sonnenuntergang geöffnet?", fragte Emma verwundert.

„Na ja, alle Lebewesen haben so ihre eigenen Rhythmen. Und das Ziel einer Blüte ist ja, dass sie bestäubt wird, damit sich die Pflanze fortpflanzen kann. Die Bestäubung erledigen in der Regel die vielen verschiedenen Bienen, Hummeln, Schmetterlinge, Fliegen usw., die erstens nicht alle zu gleichen Zeiten unterwegs sind und zweitens ja immer nur gleichzeitig auf einer Blüte sein können. Öffnet nun eine Blume ihre Blüten zu einer Zeit, wo andere ihre geschlossen haben, dann ist sie als Nahrungsquelle für die Insekten besonders interessant, das heißt also, sie hat weniger Konkurrenten, wenn es um ihre Bestäubung geht."

„Das ist ja wirklich schlau!", erwiderte Emma. Sie hatte es noch nie vorher bemerkt, dass nicht alle Blüten rund um die Uhr geöffnet waren.

Emma verbrachte den Tag mit Gesprächen, Essen und Trinken, Dösen und traurigen Gedanken an ihren Bruder. Wie mochte es Nils bloß gehen?

Und immer wieder schaute sie zu der Nachtkerze hinüber. Am Abend konnte sie dann tatsächlich beobachten, wie sich die Blüten öffneten. Die Bewegung konnte man richtig gut sehen.

Schließlich wurde es dunkel und eine dritte traumlose Nacht brach an, die von einem weiteren schönen Tag abgelöst wurde. Und als es schließlich wieder Abend wurde und sich neue Blüten an der Nachtkerze öffneten, lief Emma schnell in den Wald.

„Auch heute bist du rechtzeitig da", stellte die alte Frau zufrieden fest. „Nimm eine weitere Beere und bring sie deiner Mutter. Sei morgen um zehn Uhr wieder hier am Platz, dann wirst du deinen Bruder wiedersehen."

Emma nickte erleichtert, nahm die Beere und brachte sie ihrer Mutter. Als der Vater spät am Abend nach Hause kam, staunte er darüber, wie gut es seiner Frau inzwischen ging. Emma kehrte noch einmal zum Gänseblümchen zurück, um auch diese Nacht dort zu verbringen, obwohl ihr das die Alte nicht aufgetragen hatte.

Am nächsten Morgen faltete sie die Decke sorgsam zusammen, beobachtete den Sauerklee, und als sich die kleinen weißen Blüten öffneten, lief sie in den Wald.

Dort erwartete sie die Alte schon, doch von ihrem Bruder war weit und breit nichts zu sehen. Emma reichte der Frau die Decke. „Dankeschön für die Decke. Sie hat mich richtig gut warm gehalten."

„Gern geschehen", erwiderte die alte Frau. „Ich möchte etwas mit dir besprechen. Ich habe bemerkt, wie du mit den Pflanzen sprichst. Das ist etwas Besonderes.... Du könntest eine sehr gute Kräuterfrau werden. Würdest du das wollen?"

Emma war etwas verwirrt. Warum fragte die alte Frau sie das? Und wo war ihr Bruder? Doch als sie in die Augen der Greisin blickte, konnte sie keine Falschheit darin entdecken.

„Ja, das wäre schön, aber der heilkundige Ulf lehrt keine Mädchen", antwortete Emma.

„Ich weiß. Aber ich. Und mein Wissen ist sicher noch viel größer als das des heilkundigen Ulfs. Weißt du, ich werde nicht mehr ewig leben und es wäre doch schön, wenn mein Wissen nicht verloren gehen würde. Ich würde es dir sehr gerne weitergeben. Denk darüber nach, und wenn du einverstanden bist, dann komm morgen zur gleichen Zeit wieder hierher. Ansonsten sage ich dir nun Lebewohl!"

„Danke", sagte Emma überrascht. „Ich muss erst noch meine Eltern fragen, ob sie damit einverstanden sind. Aber wenn es nach mir geht, dann bin ich morgen wieder hier!"

Da sah Emma zum ersten Mal ein Lächeln auf dem Gesicht der alten Frau, die ihr freundlich zunickte und schließlich zwischen den Bäumen verschwand.

Und dann war da plötzlich die Stimme ihres Bruders! Sie kam von der Wiese und Emma rannte, so schnell sie konnte, über Stock und Stein durch den Wald zurück zum Gänseblümchen.

Ja, da stand Nils und rief nach ihr! Als er seine Schwester sah, lief er ihr entgegen und umarmte sie stürmisch. „Das hast du super gemacht Emma!! Du bist spitze!" Auch Emma war glücklich! Sie bedankte sich noch mal bei dem Gänseblümchen, das ihr so treu und hilfreich zur Seite gestanden war. Dann liefen die Geschwister schnell heim, wo sie ihre Mutter zwar noch etwas schwach, aber glücklich und gesund in der Küche das Essen zubereitend vorfanden. Am Abend besprach sich schließlich die ganze Familie, und als die Eltern hörten, wie gut es Nils bei der alten Frau ergangen war, waren sie damit einverstanden, dass Emma bei ihr die Kräuterkunde lernte. Und so kam es, dass Emma eine wunderbare Lehrzeit bei der Greisin im Wald verbrachte und eine außergewöhnliche Heilkundige wurde.

„Das ist ja voll interessant", meinte Flinkes Wiesel. „Da hab ich ja noch nie drauf geachtet, ob das mit einer bestimmten Zeit zusammenhängt, wann sich die Blüten öffnen. Und diese unterschiedlichen Zeiten hängen echt mit der Bestäubung zusammen?"

„Ja, genau. Ein perfektes Zusammenspiel von Pflanzen und Insekten: Die einen sorgen für die Ernährung, die anderen für die Fortpflanzung", antwortete Großmutter. „Ich wusste auch lange nichts darüber und dachte, das Öffnen und Schließen der Blüten hängt bloß von der Sonne oder nahendem Regen ab. Es war übrigens der schwedische Naturforscher Carl von Linné, der diese Beobachtungen vor fast 200 Jahren zusammengeschrieben hat und eine sogenannte Blumenuhr entwickelt hat. Er soll sie in dem botanischen Garten von Uppsala tatsächlich angelegt haben...."

„Können wir das auch machen?", fragte Kleiner Spatz begeistert. „Blumen als Uhr! Das finde ich schön!"

Großmutter lachte. „Wir können schon so eine Blumenuhr anlegen, ob sie uns dann aber auch immer die genaue Uhrzeit anzeigt, werden wir herausfinden müssen."

„Funktioniert die Uhr von Linné denn auch bei uns? Ich meine, wir wohnen ja nicht in Schweden. Oder gibt es auch noch andere Blumen, die hier für uns besser passen?", grübelte Flinkes Wiesel laut.

„Sehr gute Überlegungen!", lobte Großmutter. „Ja, wann öffnen und schließen sich die Blumen, die hier bei uns wachsen, welche könnte man im Frühjahr, welche im Sommer und welche im Herbst nehmen....? Das müssen wir wohl noch erst herausfinden."

„Au ja! Wir legen eine Schatzkarte an!!", rief Kleiner Spatz jubelnd. Sie liebte es, Erkenntnisse auf Papier festzuhalten. „Wir malen eine Karte von hier, suchen uns bestimmte Pflanzen aus, die wir beobachten wollen und tragen sie in unserer Karte ein...."
„Keine schlechte Idee. Und dann machen wir noch eine Tabelle dazu, wo wir die Öffnungs- und Schließzeiten reinschreiben und auch das Wetter, die Sonne, die Temperatur und so. Ja! Wir machen so richtig einen auf Naturforscher!", ergänzte Flinkes Wiesel die Idee von Kleinem Spatz.
Großmutter gefielen diese Einfälle auch sehr gut. Sie ging kurz ins Haus und kam dann mit Großvater, einem großen Blatt Papier für die Karte, einem Block und verschiedenen Stiften wieder heraus, so dass sich die vier gleich gemeinsam ans Kartezeichnen machen konnten, um dann anschließend bei einem Spaziergang die ersten Pflanzen heraussuchen zu können, die für ihre Forschungen infrage kamen.

6

Der weiche, warme Juniwind strich sanft über die Wiesen und trug schöne Duftgrüße von Gräsern und Blumen in die Nasen von Sophia und Daniel. Sie lagen faul in der Mittagssonne und dösten vor sich hin. Daniel hing seinen Gedanken nach, die sich mit den baldigen Ferien beschäftigten.
Er überlegte gerade, was er dann alles tun wollte, als ein Tier auf seine Nase krabbelte und ihn kitzelte. Er schlug danach ohne die Augen zu öffnen und schien das Tier erfolgreich verjagt oder getötet zu haben. Bei diesem Gedanken wurde ihm blitzartig bewusst, wie oft auch er schon ein Leben beendet hatte, obwohl er eigentlich immer gedacht hatte, dass er niemals würde töten können. So hoffte er insgeheim, das Tierchen möge ihn wieder kitzeln und ihm damit sagen: „Hey, du hast mich nicht erwischt! Ich lebe noch!"
Und tatsächlich begann nach kurzer Zeit wieder etwas auf seiner Nase herumzukrabbeln. Beruhigt lächelte Daniel und versuchte mit einem Finger ganz vorsichtig das Tier zu verscheuchen. Es klappte, jedenfalls für einen Augenblick. Dann ging es wieder los. Als das Tier

eine Stelle auf Daniels Nase erwischte, wo er ganz empfindlich war, setzte er sich abrupt auf und schüttelte den Kopf, wobei er auch die Augen öffnete. Im nächsten Moment zuckte er erschrocken zusammen. „Großvater! Wo kommst du denn her?", rief er aus.

Sophia fuhr ebenfalls erschrocken hoch. Sie war so schön am Rumschlummern gewesen, aber die Stimme ihres Bruders hatte sie total aus ihren Träumereien herausgeholt. Sie drehte sich um und stellte überrascht fest, dass ihr Großvater tatsächlich neben Daniel im Gras saß.

„Also um deine Frage zu beantworten: Ich komme aus dem Haus dort drüben", sagte dieser jetzt lachend und deutete auf das Landhaus der Großeltern. „Und als ich euch so auf der Wiese liegen sah, dachte ich, dass sich mir hier eine gute Gelegenheit zum Anschleichen-Üben bietet."

„Da warst du aber ultraleise!", sagte Flinkes Wiesel bewundernd. „Ich hab dich überhaupt nicht gehört."

„Ich auch nicht", stimmte ihm Kleiner Spatz zu.

Während Großvater einen langen, trockenen Grashalm zwischen seinen Fingern hin- und herdrehte, antwortete er: „Der Vorteil für mich war, dass ihr schon eine Weile hier auf der Wiese ward und in solchen Fällen ist die Aufmerksamkeit meistens nicht mehr so sehr bei dem, was um einen herum passiert, sondern mehr nach innen gerichtet."

„Trotzdem, so leise schleichen will ich auch können. Da muss ich unbedingt noch dran arbeiten", meinte Flinkes Wiesel.

„Sag mal, hast du mich etwa mit dem Grashalm auf der Nase gekitzelt?", fragte er dann, weil ihm gerade aufgefallen war, womit sein Großvater da rumspielte.

Dieser blickte ihn scheinbar völlig überrascht an: „Ich? Würde ich so etwas denn tun?"

„Oh ja, das würdest du und jetzt bin ich mir auch ganz sicher, dass du es getan hast!", rief Flinkes Wiesel und stürzte sich auf seinen nun lachenden Großvater, um ihn in den Schwitzkasten zu nehmen. Das war allerdings gar nicht so einfach, denn Großvater war ein großer und trotz seines Alters immer noch ein sehr kraftvoller Mann.

So rangelten sie eine Weile rum, bis Kleiner Spatz plötzlich rief: „Was ist das denn?"

Großvater und Flinkes Wiesel unterbrachen ihr Kämpfchen und setzten sich auf, um zu schauen, was Kleiner Spatz entdeckt hatte.

Diese lachte aber nur und rief: „Veräppelt! Veräppelt! Ich wollte bloß, dass ihr aufhört!"

Flinkes Wiesel war drauf und dran, sich nun auf seine Schwester zu stürzen, aber Großvater hielt ihn zurück. „Ich erzähl euch jetzt, weswegen ich überhaupt gekommen bin, OK? Es war ja nicht nur wegen des Anschleichen-Übens.

Großmutter und ich haben uns überlegt, dass wir gerne einen kleinen Ofen an unserer Feuerstelle hätten, mit dem man schnell und effektiv kochen kann. Das heißt, er müsste so gebaut sein, dass man mit wenig Brennmaterial eine gute Hitze hinbekommt. Und es soll nicht so ein Riesenmonster-Teil werden, sondern gerade groß genug sein, dass man einen normalen Topf darauf stellen kann. Außerdem soll der Ofen nur aus Naturmaterialien bestehen.

Und wir haben uns gedacht, dass ihr euch doch mal überlegen könntet, wie so ein Ofen wohl zu bauen wäre."

Flinkes Wiesel und Kleiner Spatz waren gleich Feuer und Flamme und gingen mit Großvater zur Feuerstelle, um sich anzuschauen, wo der Ofen genau hinsollte.

Und dann begannen die beiden hin- und herzuüberlegen, wie so etwas wohl aussehen könnte. Großvater ließ sie eine Weile nachdenken, Pläne entwerfen, Pläne wieder verwerfen, neue schmieden und so fort. Dann gesellte er sich erneut zu ihnen und hörte sich ihre Ideen an.

Flinkes Wiesel beendete seinen Bericht mit den Worten: „Also uns erscheint keiner der Pläne perfekt und wir dachten uns, du könntest uns doch eine Geschichte dazu erzählen!" Er grinste breit: „Du weißt bestimmt eine, wo einer so 'nen Ofen bauen muss!"

Großvater lachte und antwortete dann: „Schlau, schlau von euch! So müsst ihr vielleicht nicht erst zehn Versuche starten und mit eurem Frust kämpfen, wenn es nicht gleich perfekt klappt, oder? Na gut, da ihr ja nur das Wochenende zum Rumprobieren habt, will ich euch *gerne eine Geschichte erzählen. Außerdem habt ihr ja wirklich viele Möglichkeiten gedanklich durchgespielt. Da verdient ihr eine Belohnung. Lasst uns zurück auf die Wiese gehen und da erzähle ich euch dann eine Geschichte von einem, den ihr inzwischen schon ganz gut kennt...“*

„Von Sven?“, fragte Kleiner Spatz hoffnungsvoll. Sie mochte die Geschichten von dem jungen Mann, der von einem Freund lernte, wie er mehr mit der Natur leben konnte, statt sie nur in sportlichem Ehrgeiz zu durchqueren.

Großvater nickte lächelnd: „Ja genau, es ist wieder eine von Sven und Rainer!“ Die Kinder freuten sich und so spazierten sie zu dritt zur Wiese zurück. Als es sich dann alle gemütlich gemacht hatten, begann Großvater zu erzählen:

(Naturofen)

Der Duft von frischem Kaffee und das Knistern des Feuers lockten Sven sanft aus seinem Schlaf. Er blinzelte in die Sonne, die golden durch den Laubwald blitzte und ihn anscheinend mit ihren zarten Morgenstrahlen liebevoll wecken wollte. Er streckte sich gähnend und drehte sich in seinem Schlafsack um.

Rainer saß mit einer Tasse frischem Kaffee in der Hand vor einem Feuerchen, das in der Mitte eines Metallgestells brannte, und begrüßte Sven lächelnd:

„Guten Morgen! Hast du gut geschlafen?“

„Perfekt!“, erwiderte Sven zufrieden. „Ich bin sofort eingeschlafen und hab überhaupt nichts mehr mitbekommen. Ahh..., einfach gut!“

Rainer lachte. „Na dann komm mal raus aus deiner Verpackung! Willst du einen Kaffee? Ich habe auch noch frisches Brot und Käse im Angebot.“

„Mmm..., ahh... das duftet ja alles so herrlich! Frisches Brot? Du hast doch nicht schon irgendwie ein Brot gebacken, oder?“ Auch wenn Sven selber keine Ahnung hatte, wie man das ohne Backofen hinbekommen sollte, seinem Freund traute er dieses Wissen aber durchaus zu. Er hatte in den letzten Monaten genügend von Rainers Fähigkeiten mitbekommen.

„Doch, das Brot ist frisch, das hab ich in der Pfanne gebacken.

Schmeckt auch echt gut, finde ich!", antwortete Rainer und biss ein weiteres Mal in sein gut mit Käse belegtes Brot.

Sven kroch aus seinem Schlafsack, schlüpfte schnell in seine Klamotten und setzte sich, den Schlafsack wie einen Mantel um sich legend, neben Rainer auf sein Sitzkissen. Dieser füllte ihm Kaffee in die Tasse, schnitt eine Scheibe von dem Brot ab und gab es ihm mitsamt dem Käse.

„Mensch, geht's mir gut!!", stellte Sven fest, während er den Käse schnitt und sein Brot damit belegte. „Mmmm...! Oh Mann, das ist ja so lecker! Ich glaube, da bleibt nichts von übrig!", meinte er dann kauend.

„Schön, dass es dir schmeckt! Ja, da bin ich auch sicher, dass nichts mehr davon übrig bleibt, wenn wir beide so weiterfuttern...", erwiderte Rainer.

„Sag mal, was ist denn das für ein Teil, das du da in die Feuerschale gesetzt hast? Und wie hat das auch noch in deinen Rucksack reingepasst? Der ist doch gar nicht so groß. Der muss eh ein Verwandter von Hermines Handtasche sein...", wunderte sich Sven und spielte damit auf Harry Potter an.

Rainer grinste: „Oh, das wäre sehr schön, wenn mein Rucksack so wäre! Dann müsste ich gar nicht so genau überlegen, was ich mitnehme, weil ich ja einfach alles reinpacken könnte. Wäre echt noch eine praktische Erfindung..."

„Und was ist das jetzt für ein Ding?", fragte Sven noch einmal.

„Ein sogenannter Hobo-Ofen. Total geniales Teil! Den kannst du auf circa Postkartengröße zusammenlegen. Und er ist megaeffektiv. Du kannst ihn mit allem möglichen Kleinzeug befeuern, also kleine Äste, Tannenzapfen, Rinde und so weiter. Du legst einfach unten guten Zunder rein und zündest den an. Durch den Kamineffekt brennt das Feuerchen ganz schnell und wird richtig heiß, und das alles bei minimalem Materialverbrauch, was mir total wichtig ist. So kann ich mir mit gutem Gewissen schnell ein Feuer machen. Finde ich echt ideal, besonders für Kleingruppen oder eben wenn man allein unterwegs ist,", erklärte Rainer ausführlich.

„Klasse! Und wenn es regnet, also alles nass ist, geht das Ding dann auch noch?", fragte Sven, der an seinen Unfall in den Bergen dachte, wo so ein Ofen wohl auch sehr hilfreich gewesen wäre.

„Ja, eben durch diesen Kamineffekt. Die warme Luft, die beim Anzünden entsteht, kann ja durch die Seitenwände nicht in die Breite entweichen, strömt also nach oben und saugt praktisch unten neue Luft, also Sauerstoff, an, den das Feuer braucht und wodurch es super brennt. Ich will mir unten an meinem Platz eine Art Natur-Hobo-Ofen oder Yukon-Ofen bauen, damit ich nicht so viel Holz verheize, wenn ich das Feuer nur zum Kochen brauche. Wenn du Lust hast, kannst du ja mitmachen", schlug Rainer Sven vor.

„Ja klar hab ich Lust dazu! Und wie genau willst du das machen?", fragte Sven interessiert.

Rainer lachte. „Pass auf, du schaust dir jetzt den Hobo-Ofen genau an, merkst dir alle Besonderheiten, die zu dem genialen Effekt führen und dann erzählst du mir unten, wie man das mit Naturmaterialien umsetzen könnte."

Sven lachte auch. „Ja, ja, der Meister gibt dem Lehrling eine Aufgabe, statt es vorzumachen oder zu verraten, wie es gehen soll!"

„Na klar, das wäre ja sonst viel zu einfach. Was meinst du, was das nachher für ein erhebendes Gefühl ist, darauf zu kochen, wenn du auch noch selber die Idee hattest, wie man den Ofen bauen könnte! Das ist ganz anders, als wenn du nur mein Handlanger wärest und ich dir sage, jetzt mach mal dies und mach mal das", erläuterte Rainer sein Vorgehen.

„Stimmt. Meinst du, wir können das heute noch machen, wenn wir unten sind?", fragte Sven.

„Ja, das passt doch gut, also wenn du noch Zeit hast. Wir sind ja in einer Stunde wieder unten und es ist noch früh am Tag", erwiderte Rainer.

„Ich habe mir für heute noch nichts weiter vorgenommen, also passt mir das auch gut! Super! Dann schau ich mir das Teil jetzt noch mal ganz genau an. Aber dazu brauch ich noch dringend ein Brot mit Käse. Sonst kann man ja nicht denken!", fügte Sven grinsend hinzu.

Rainer lachte und reichte ihm das Brot und den Käse, allerdings erst, nachdem er sich selbst noch von beidem genommen hatte.

So prägte sich Sven alles Wichtige ein (das hoffte er jedenfalls) und sie frühstückten in aller Ruhe zu Ende, löschten dann ihr Feuer, verwischten alle Spuren und machten sich schließlich auf den Heimweg.

Rainer besaß ein Grundstück mit Wald, Wiese und einem See, das sozusagen sein Basislager war. Hier probierte er alle möglichen Dinge aus, wie man am besten in der Natur leben konnte, ganz im Einklang, möglichst nur mit dem, was die Natur zu bieten hatte.

Die beiden Männer kamen dort am späten Vormittag an und Rainer zeigte Sven den Platz neben der kleinen Feuerstelle, wo der Ofen hingebaut werden sollte.

„Du, Rainer, ich hab mal so überlegt, eigentlich passt doch so ein Hobo-Ofen gar nicht zu dir. Das ist doch ein Hilfsmittel, was man im Laden kauft, kein Naturprodukt." Sven schaute Rainer fragend an.

„Das stimmt, es ist ein Hilfsmittel, obwohl meiner nicht aus einem Laden stammt, sondern selbstgebaut ist...

Weißt du, wichtig ist für mich, dass ich die Fähigkeit besitze, auch ohne diesen Ofen ein Feuer machen zu können, und zwar schnell und bei jedem Wetter. Das gehört zu dem „Im-Einklang-leben" oder dem „In-der-Natur-heimisch-sein" dazu.

Für dieses Hilfsmittel habe ich mich entschieden, weil ich dadurch echt nur ganz wenig Brennmaterial brauche, wie ich dir ja oben erklärt habe.

Jetzt denkst du vielleicht, das ist doch egal, im Wald liegt ja eh genug rum. Ich dagegen denke, dass jeder die Verantwortung hat, sinnvoll mit unseren Wäldern umzugehen. Man kann nicht auf irgendwelche Leute schimpfen, die aus wirtschaftlichen Gründen den Wald leer räumen und roden, wodurch eher Parkanlagen statt gesunde Wälder entstehen, und selbst genau das gleiche Verhalten an den Tag legen. Gerade als Natur- und Wildnisbegeisteter will ich mit gutem Beispiel vorangehen. Und das heißt für mich, nicht einfach immer ein Feuer machen, weil ich das gerade so schön finde, sondern genau zu überlegen, ob es im Moment wirklich notwendig ist. Und wenn es notwendig ist, weil ich z.B. nur so heißes Wasser bekomme, dann will ich es so schonend wie irgendwie möglich für die Natur machen.

Tja, und genau dabei hilft mir der Hobo-Ofen mit seiner genialen Wirkweise, wenn ich unterwegs bin und soll mir der neue Ofen hier unten helfen."

Sven hatte Rainers Vortrag verfolgt, ohne ihn zu unterbrechen. Es kam nicht allzu häufig vor, dass Rainer so viel redete. Aber wenn es um die Erhaltung der Vielfalt in der Natur ging, um die vielen Lebewesen darin, dann ging ihm das Herz auf und er sprach viel.

„Es ist schön, dir zuzuhören. Man merkt einfach, dass du die Natur mit all ihren Lebewesen liebst und dich als Mensch nicht höher bewertest. Von solchen Leuten bräuchten wir echt noch viel mehr!", sagte Sven dann.

Rainer lächelte. „Ja, das täte der Erde sicher gut…" Dann wurde sein Grinsen breiter: „Und damit es zumindest schon mal einen mehr gibt: Hat mein Lehrling bereits eine Idee, wie man den Ofen bauen könnte?"

„Ja, der Lehrling hat überlegt und ist zu einem Ergebnis gekommen!", lachte Sven. „Also: Statt der Feuerschale heben wir etwas Erde aus, so wie an der Feuerstelle, mit Kontrolle des Bodens auf Wurzeln etc. Dann füllen wir ein bisschen Kies in die Kuhle. Mit Steinen könnte man den Kamin bauen, wobei man die Lücken zwischen den Steinen mit Lehm zuschmieren könnte. Oder mit Erde. Außen und innen könnte man auch noch Lehm schmieren, damit der Kamin wirklich dicht ist. Wichtig ist noch, dass auch die Luftzufuhr von unten sichergestellt ist, sonst funktioniert ja der Kamineffekt nicht. Deswegen müsste man bei der untersten Reihe immer jeden zweiten Stein auslassen. Das könnte aber vielleicht eine recht wackelige Sache werden..., ich weiß nicht, müssten wir halt ausprobieren.

Oder wir bauen die Steine direkt am Rand der Mulde auf, und zwar kegelförmig, damit der Kaminzug besser funktioniert. Außerdem legen wir einen Graben an, der in die Mulde führt und am anderen Ende sanft nach oben ausläuft. Er sollte am besten in die Richtung weisen, aus der meistens der Wind kommt, das wäre besonders für das Feueranzünden gut. Natürlich muss man dann über den Graben einen großen Stein sozusagen als Brücke legen. Das wär's, was sagt der alte Lehrmeister dazu?“

Sven schaute Rainer erwartungsvoll an. Dieser lachte: „Nun, auch wenn der Lehrmeister noch nicht so alt ist, um als weise zu gelten, so findet er doch, dass sein Lehrling richtig tolle Ideen hat. Also fangen wir an! Welche Variante willst du ausprobieren?“

„Gut, wenn ich entscheiden darf: Die Zweite, also die mit dem Graben. Aber die andere würde ich dann gerne auch noch mal irgendwann ausprobieren. Vielleicht brauchst du ja eine zweite Kochstelle, wenn du mit deinem Lehrling mal gemeinsam kochen willst!“, antwortete Sven fröhlich. Rainer lachte: „Das ist eine gute Idee! Also dann, ran ans Werk!“

Ja, und so machten sich die beiden Männer an die Arbeit und es dauerte gar nicht so lange, da hatten sie einen wunderschönen Ofen gebaut, den sie dann auch gleich erfolgreich ausprobierten.

„Dann lagen wir ja schon gar nicht so verkehrt mit unseren Überlegungen!“, rief Flinkes Wiesel begeistert.

„Können wir gleich Steine am See holen, Großvater?“, fragte Kleiner Spatz ebenfalls hoch motiviert.

Großvater lachte: „Ich sehe schon, jetzt müssen wir sofort loslegen!“

„Jaaaa...!“, riefen seine Enkel laut und voller Vorfreude.

„Ich hätte da noch eine Idee zur Vereinfachung“, meinte Großvater, bevor er sich erhob. „Ich würde vorschlagen, wir holen uns eine Schubkarre aus dem Stall, damit wir darin die Steine transportieren können. Das ist doch einfacher, als wenn wir sie tragen müssen, oder?“

Natürlich fanden Flinkes Wiesel und Kleiner Spatz die Idee gut, da sie nun auch nicht so scharf darauf waren, wie überladene Packesel Steine tragen zu müssen.

Also gingen sie zu dritt erst mal zurück zum Haus und holten die Schubkarre. Sie nahmen auch Großmutter, die gerade den Hof fegte, mit zum See, da das Steinesammeln zu mehreren natürlich viel schneller und leichter ging.

Schon bald hatten sie genügend Steine beisammen und die Kinder konnten sich an den Bau des Ofens machen. Als sie damit schließlich fertig waren, wollten Flinkes Wiesel und Kleiner Spatz auch gleich ein Feuer darin entzünden, doch Großvater hielt sie zurück.

„Aber wieso können wir denn unseren Ofen nicht sofort ausprobieren?", fragte Kleiner Spatz enttäuscht. „Sven und Rainer haben es doch auch gemacht." Flinkes Wiesel schaute Großvater ebenfalls irritiert an.

„Nun, wo haben wir denn unsere Steine her?", fragte Großvater. „Na aus dem See und vom Ufer des Sees, das weißt du doch!", grummelte Kleiner Spatz.

„Ah, jetzt versteh' ich!!", rief Flinkes Wiesel plötzlich. „Die Steine waren nass und könnten explodieren, wenn sie jetzt richtig heiß werden! Kleiner Spatz, denk doch mal ans Feuermachen! Wenn man das irgendwo macht, wo keine feste Feuerstelle ist, da soll man doch auch den Steinkreis um das Feuer nicht mit nassen Steinen machen, eben weil sie explodieren können!"

„Oh, daran hab ich ja gar nicht gedacht!!" Kleiner Spatz schaute erschrocken auf den Ofen. „Das wäre ja richtig ärgerlich, wenn der jetzt explodiert, wo wir uns so viel Mühe gegeben haben", meinte sie dann.

Und so verschoben die Kinder bereitwillig den Einweihungstermin und kochten an diesem Abend an einer anderen Feuerstelle ihr Abendessen.

7

Die Sonne stand hoch am Himmel, als sich Sophia und Daniel auf den Rückweg durch den lichten Laubwald zum Haus ihrer Großeltern machten. Bisher war der Juli ziemlich verregnet gewesen und so genossen die Geschwister an diesem Wochenende das schöne Wetter. Sie waren schon früh zum nahegelegenen See aufgebrochen, denn bei dieser Hitze machte schwimmen und Boot fahren einfach richtig Spaß. Nach dem vielen Rumgeplantsche freuten sich die beiden jetzt aber auf ein leckeres Essen und etwas Erfrischendes zum Trinken.

„Schau mal Flinkes Wiesel! So eine schöne Blume! Die pflücke ich und bringe sie Großmutter mit!", rief Sophia begeistert, als sie die blaue Blume entdeckte. „Warte mal, Kleiner Spatz, nicht anfassen!", rief Daniel seiner jüngeren Schwester zu. Er war etwas weiter links durch den Wald gelaufen und beeilte sich jetzt, Sophia zu erreichen.

„Warum soll ich sie denn nicht anfassen? Das ist doch eine Blume und kein Kaktus!", meinte Kleiner Spatz etwas unwillig. Aber sie hörte auf ihren Bruder und wartete geduldig, bis er bei ihr war.

Daniel war nach dem Sprint über den holprigen Waldboden leicht außer Atem. „Weil es auch Pflanzen gibt, die giftig sind und manche machen die Haut kaputt. Da kriegt man Blasen wie bei Verbrennungen. Und diese hier....". Daniel machte eine Pause, während er sich die große Blume mit den schönen blauen Blüten genauer ansah. „... diese ist, glaube ich, ein Eisenhut. Blauer Eisenhut. Schau mal, siehst du das oberste Blütenblatt? Das sieht doch aus wie ein blauer Helm, oder?"

„Stimmt!", rief Sophia begeistert. „Jede Blüte hat so ein Helmchen! Das sieht ja richtig schön aus! Sollen wir sie nicht doch mitnehmen?"

Daniel nahm seine Schwester an die Hand und zog sie besorgt ein Stückchen von der Pflanze weg. „Nein Sophl! Das ist die giftigste Pflanze Europas! Zumindest, wenn ich mich nicht täusche. Und ich meine, dass man das Gift schon aufnimmt, wenn man sie berührt. Lass uns Großvater und Großmutter davon erzählen und sie mit hierher nehmen, damit sie sich die Blume anschauen. Vielleicht irre ich mich ja auch!", fügte er noch schnell hinzu, als er den erschrockenen Ausdruck in Sophias Augen sah.

Sophia hatte ihren Bruder noch nie so plötzlich erblassen sehen, was ihr richtig Angst machte. „Dann..., dann hast du mir jetzt das Leben gerettet?", fragte Sophia leise. Daniel nahm sein Schwesterchen in die Arme und drückte sie ganz fest an sich. „Vielleicht...", murmelte er. Sein Herz klopfte immer noch. „Lass uns gehen", meinte er dann. So gingen Sophia und Daniel Hand in Hand zurück zu ihren Großeltern, was äußerst selten vorkam.

Großvater hatte gerade den Hühnern etwas Futter hingestreut, als er seine Enkel kommen sah. Und er sah sofort, dass irgendetwas nicht stimmte, worauf er ihnen ein Stück entgegen ging.

Sophia löste ihre Hand aus der ihres Bruders und lief in Großvaters Arme. „Ich wäre fast schon tot, wenn Daniel mich nicht gerettet hätte!“, schluchzte sie. Irgendwie war die Anspannung doch so groß gewesen, dass ihr jetzt die Tränen kamen. Großvater nahm sie auf den Arm, legte den anderen um Daniel, der sie gerade erreichte und drückte ihn fest an sich. „Seid ihr mit dem Boot umgekippt?“, fragte Großvater schließlich, während er mit den Kindern hinter das Haus ging, wo Großmutter gerade den Tisch deckte.

„Was ist passiert?“, fragte auch sie erschrocken, als sie ihren Mann mit den Kindern kommen sah. Es war ungewöhnlich, dass ihre Enkel schweigend zum Essen kamen. Großvater übergab ihr Sophia, die jetzt nicht mehr weinte, sich aber trotzdem fest an ihre Großmutter kuschelte.

Sie setzten sich alle und Daniel begann sich zu entschuldigen: „Vielleicht ist alles gar nicht so schlimm und ich hab Sophia ganz umsonst erschreckt.“ Er konnte es einfach nicht haben, wenn seine Schwester traurig war oder Angst hatte.

“Kleiner Spatz“, korrigierte ihn Sophia leise. Großmutter lächelte. Das war schon mal ein gutes Zeichen, wenn ihre Enkelin wieder ihren Indianer-Namen hören wollte. Daniel grinste auch kurz und fuhr dann sicherer fort: „Kleiner Spatz hatte im Wald eine blaue Blume entdeckt und wollte sie dir mitbringen, Großmutter. Ich weiß nicht, ich hatte auf einmal so ein komisches Gefühl im Bauch… So, als wenn es gefährlich sein könnte, wenn sie sie anfasst. Deswegen hab ich ihr zugerufen, sie soll die Blume nicht anfassen und bin schnell zu ihr gelaufen. Ich glaub, es ist ein Blauer Eisenhut, aber vielleicht täusche ich mich auch…“

Großvater nickte verständnisvoll. „Das kann gut sein, dass da einer ist. Die Blume sollten wir uns auf alle Fälle nachher noch mal gemeinsam anschauen.“ Dann legte er erneut den Arm um Daniel und sagte: „Das war genau richtig, Flinkes Wiesel. Wenn man ein ungutes Gefühl hat, muss man sofort reagieren. Das ist wirklich wichtig, denn wir alle haben so eine innere Stimme in uns, die genau weiß, was gut für uns ist und wann Gefahr droht. Und Kleiner Spatz, das war auch ganz toll von dir, dass du auf deinen Bruder gehört hast *und nicht gedacht hast: ,Ach, was der sagt, interessiert mich doch nicht, ich mach das, was ich will.' Wenn es wirklich der Eisenhut ist und du ihn gepflückt hättest, dann wären wir jetzt vielleicht schon unterwegs ins Krankenhaus."*

„Aber dank eurer guten Gefühle und Taten ist das nicht der Fall", sagte jetzt Großmutter. „Ihr habt wirklich klasse reagiert! Und jetzt sollten wir alle einmal ganz tief einatmen und den Schrecken kräftig wieder ausatmen! Ich würde vorschlagen, wir essen nun zuerst und danach erzähle ich euch eine Geschichte zum Thema „Giftige Pflanzen". Und anschließend schauen wir uns die Blume mal genauer an, was meint ihr?" Damit waren alle einverstanden.

Also atmeten sie alle gemeinsam einmal ganz tief ein und aus, dann deckten die Kinder den Tisch fertig, und die Großeltern holten das Essen und die Getränke heraus. Als sie ihre Mahlzeit beendet hatten, ging Großmutter mit ihren Enkeln in die Weidenlaube, wo sie es sich mit einer Hollerlimonade gemütlich machten. Und dann begann Großmutter zu erzählen:

(Giftige Pflanzen)

Der Weg, der von der Quelle hinauf zu den Gärten führte, war steil, doch Elena lief leicht und geschickt wie eine junge Ziege. Sie wollte auf keinen Fall, dass Medea, ihre Herrin, einen Grund hatte böse mit ihr zu sein.

Die Königstochter von Kolchis war im ganzen Land als Zauberin und Giftmischerin gefürchtet, denn, wie auch ihr Vater, kannte sie sich außergewöhnlich gut mit Pflanzen und deren Kräften aus.

Elena erreichte das steinige Gebäude, in dem Medea ihre gefürchteten Mixturen herstellte, ohne einen Tropfen des Quellwassers aus dem Krug verschüttet zu haben.

Sie trat ein und stellte das Gefäß auf den Tisch. Medea drehte sich zu ihr um. Sie war eine wunderschöne Frau und das lockige, dunkle Haar, das sie offen trug, reichte ihr bis zu den Hüften.

„Da bist du ja!", begrüßte sie das Mädchen. Elena verbeugte sich und schlug die Augen nieder, während Medea auf sie zukam.

„Wir werden heute gemeinsam einen Ausflug machen", sprach die Zauberin. „Ich möchte, dass du ein paar äußerst wichtige Pflanzen kennenlernst."

Elena lief ein kalter Schauer über den Rücken und ein beklemmendes Gefühl machte sich in ihrer Brust breit. Was hatte sie nur falsch gemacht? Sie war doch erst zehn Jahre alt und noch gar nicht lange im Dienst der Königstochter. Warum sollte sie nun schon sterben? Denn nichts anderes konnte es doch bedeuten, wenn Medea ihr „äußerst wichtige" Pflanzen zeigen wollte...

Medea hatte das Gefühl, als würde das Kind vor ihr innerlich zusammenbrechen. Sie ging in die Hocke, um mit Elena auf einer Höhe zu sein. „Wovor fürchtest du dich, Elena?", fragte sie sanft.

Das kleine Mädchen schaute sie mit Tränen in den Augen an: „Bitte gebt mir noch eine Chance. Ich werde mir allergrößte Mühe geben und alles gut machen. Ich bin doch erst zehn. Ich möchte noch ein bisschen leben..."

Medea wurde sehr traurig, als sie dies hörte. „Aber Elena, ich will dich doch nicht töten! Ich will dir etwas zeigen, damit du lange am Leben bleibst und nicht aus Unwissenheit in Gefahr kommst."

Elena schaute auf und sah in Medeas Augen nur Ehrlichkeit und Freundlichkeit. So beschloss sie, ihrer Herrin zu vertrauen.

Medea nahm Elena an die Hand, führte sie nach draußen und setzte sich mit ihr auf eine der Bänke. „Weißt du, Elena, warum mich die Menschen fürchten?" „Sie sagen, Ihr seid eine Giftmischerin", antwortete das Mädchen leise.

Medea lächelte: „Um eine gute Giftmischerin zu sein, muss man sich mit der Wirkung von Pflanzen genau auskennen. Man muss wissen, in welcher Dosierung eine Pflanze heilkräftig ist und ab welcher Dosierung sie giftig ist. Denn die meisten hochgiftigen Pflanzen sind hervorragende Heilmittel. Das bedeutet also, eine sogenannte Giftmischerin hat auch das Wissen einer Heilerin und eine Heilerin hat das Wissen einer Giftmischerin. Das eine geht ohne das andere nicht, es ist einfach nur eine Frage der Dosierung und Anwendung. Verstehst du das?"

Elena war erstaunt. „Also gibt es nicht gute oder böse Pflanzen, sondern es kommt nur darauf an, was man mit ihnen macht?", traute sie sich zu fragen.

„Genau!", antwortete Medea. „Das ist wie mit einem Messer. Du kannst damit einen Menschen töten oder du schnitzt einen wunderschönen Löffel damit. Das Messer selber bleibt neutral."
Sie ließ Elena Zeit, darüber nachzudenken. Dann sagte sie: „Ich möchte, dass du Pflanzen kennenlernst, die wirklich gefährlich sein können, wenn man keine Ahnung von ihnen hat. Manche sind schon giftig, wenn man sie nur berührt. Andere muss man verspeisen, um vergiftet zu werden."
„Komm, lass uns die Erste suchen gehen!" Mit diesen Worten stand Medea auf und machte sich mit Elena auf den Weg.
Es war noch ganz früh im Jahr, und auch wenn schon die ersten Insekten summten, so gab es doch nur wenige Blumen, die bereits blühten.
Medea ging mit Elena durch einen lichten Mischwald, in dem es sehr viele Buchen gab. Sie hielt an einer wunderschönen, rosafarbenen Blume an. Eigentlich war es ja eher ein kleiner Strauch, denn die Zweige waren verholzt. Elena betrachtete die Pflanze und sah, dass die Kelchblüten mit ihren vier Zipfeln direkt an dem verholzten Stamm und den Zweigen saßen. Als sie sich ein bisschen umschaute, konnte sie noch mehr von diesen Sträuchern entdecken. Blätter hatten die meisten von ihnen nicht, nur bei einigen konnte man welche an den Spitzen der Zweige sehen, wo sie wie ein Schirmchen über den Blüten standen.
„Wie schön sie duftet!", stellte Elena erstaunt fest. Medea nickte. „Deswegen lieben sie auch die Schmetterlinge, Bienen und Hummeln. Für sie ist der Seidelbast eine wichtige Pflanze, denn so früh im Jahr blühen ja noch nicht viele Blumen. Im August und September wirst du leuchtend rote Beeren anstelle der Blüten finden. Sie sind hochgiftig. Wenn du den Seidelbast berührst, bekommst du Blasen auf der Haut wie bei Verbrennungen.
Dieses ist also die erste Pflanze, die du niemals einfach so pflücken, ernten oder essen wirst. Merke sie dir gut!"
Medea ging in die Hocke und holte einen Salbentiegel aus dem Beutel, der an ihrem Gürtel befestigt war. Sie nahm Elenas Hand, drehte sie mit der Handfläche nach oben und schmierte ein wenig

Salbe auf die Pulsadern. „Schau mich an, schau direkt in meine Augen!", forderte sie das Mädchen auf. Elena gehorchte und hatte das Gefühl, als würde sie irgendwie in Medeas Augen eintauchen. Sie hörte die Stimme ihre Herrin von irgendwoher zu ihr sprechen: „Wir machen nun eine kleine Reise. Wundere dich also nicht, wenn gleich alles anders aussieht."

Als Elena wieder aus Medeas Augen auftauchte, war das Jahr schon deutlich fortgeschritten. „Es ist Juni", erklärte Medea. „Daher ist nun alles grün und die Natur ist schon voller Leben!"

Sie gingen weiter durch den Wald, bis sie zu einer großen Lichtung kamen. Hier wuchsen hohe Pflanzen mit seltsamen Blüten, die Elena erst beim näheren Hinschauen als solche erkannte. Sie sahen aus wie ein glockiger, behaarter Kelch, der aus fünf Blütenblättern bestand, die außen mehr grünlich und an den Spitzen beiderseitig deutlich braunviolett aussahen. Ansonsten waren diese Glockenkelche innen ebenfalls grünlich und mit rotbraunen Adern durchzogen.

„Die Tollkirsche!", erklärte Medea. „Sie macht keine Blasen, wenn du sie berührst, aber essen solltest du sie nicht. Vor allem auch nicht die schwarzen Früchte, die aus den Blüten entstehen. Merke dir die Umgebung, also wo die Pflanzen wachsen, die wir uns anschauen."

Medea machte eine kleine Pause. Dann fuhr sie fort: „Wie schon der Seidelbast, so ist auch die Tollkirsche eine kraftvolle Heilpflanze, doch für eine sichere Zubereitung muss man speziell ausgebildet sein. Weißt du, wie man die Pflanze übrigens noch nennt? Belladonna, das bedeutet „Schöne Frau". Der Name ist dadurch entstanden, dass die giftige Wirkung sich auch auf die Pupillen auswirkt. Sie weiten sich und manche Frauen finden sich dann schöner. Tja, eine gefährliche Sache, mit Gift zu versuchen sich zu verschönern.... Lass dich nie dazu überreden. Es ist und bleibt eine schwer zu dosierende, stark giftige Pflanze."

Elena stand ehrfürchtig vor dem großen Gewächs und versuchte, sich alles zu merken. Dann fühlte sie wieder, wie Medea ihre Hand nahm, sich zu ihr herunterbeugte und sie in Medeas Augen eintauchte. Dieses Mal jedoch nur ganz kurz.

Als sie wieder auftauchte, standen sie immer noch vor der gleichen

Pflanze. Doch dort, wo vorher die Blüten gewesen waren, sah Elena nun tiefdunkle blauschwarz-glänzende Beeren. Der Blütenkelch war auseinander gegangen und umgab die Beere wie ein Stern.

„Diese Beeren sehen zwar wunderschön aus, sind aber hochgiftig. Es genügen wenige, um daran zu sterben. Sie sehen innen wie kleine Tomaten aus, nur in einer anderen Farbe.

Dieses ist also die zweite Pflanze, die du niemals einfach so pflücken, ernten oder essen wirst. Merke sie dir gut!"

Elena war sich sicher, dass sie diese beiden Pflanzen auf jeden Fall wiedererkennen würde. Sie folgte Medea aus dem Wald heraus und die beiden liefen eine Weile den Berghang entlang, wo immer mal wieder Gebüsche den Pfad säumten.

Schließlich hielt Medea vor einer wunderschönen, aufrechtstehenden Blume mit blauen Blüten an. Sie war locker über einen halben Meter groß und der Stängel zeigte kaum Verästelungen. Die Blätter waren eingeschnitten, ähnlich wie die Finger einer Hand.

„Schau dir mal das jeweils oberste Blütenblatt an!", forderte Medea das Mädchen auf. „Es sieht wie ein blauschimmernder, kleiner Helm aus, daher kommt auch der Name für diese Pflanze: Blauer Eisenhut. Sie ist aus dem hohen Norden gekommen und hat sich überallhin ausgebreitet. Wenn du diese Pflanze berührst, gelangt das Gift auch über deine gesunde Haut in den Körper. Die Berührungsstelle wird dann ganz taub. Das Gift befindet sich überall in der Pflanze, besonders aber in den Wurzeln und den Samen.

Wenn diese Blume noch nicht blüht, könntest du sie wegen ihrer Blätter und dem aufrechten Wuchs mit dem heilkräftigen Beifuß verwechseln.

Dieses ist also die dritte Pflanze, die du niemals einfach so pflücken, ernten oder essen wirst. Merke sie dir gut!"

Elena betrachtete die blaue Schönheit und allmählich wurde ihr klar, dass es wirklich wichtig war, die gefährlichen Pflanzen gut zu kennen, um sie nicht ihrer Schönheit willen zu pflücken und dadurch unbeabsichtigt großes Leid zu verbreiten.

Medea nahm wieder Elenas Hand und führte das Mädchen auf eine schöne Bergwiese. Hier blühten unzählige blassrosa bis lila Blumen. „Krokusse!", rief Elena erfreut aus.

Doch Medea schüttelte den Kopf. „Wann blühen die Krokusse?", fragte sie dann. „Oh!... Im Frühling....", erwiderte Elena und ihr wurde klar, dass da wohl schon wieder eine Gefahr lauerte: Man denkt, man hat einen harmlosen Krokus vor sich, dabei ist es eine Giftpflanze...

„Das ist die Herbstzeitlose. Sie blüht, wie ihr Name verrät, im Herbst, also von August bis Oktober. Kannst du ihre Blätter sehen?", fragte Medea weiter. Elena bückte sich zu einer der Blumen und betrachtete sie genau. Sie konnte nur eine rosaweißliche Röhre erkennen, aus der sich die sechs länglichen Blütenblätter herausgebildet hatten. In der Mitte dieser Blüten waren gelb-orange Stielchen zu sehen, auf denen wohl die Blütenpollen lagen. Aber Blätter konnte Elena nicht finden.

„Ich kann keine Blätter sehen", sagte sie daher schließlich. „Richtig, es sind jetzt keine da. Sie kommen erst im nächsten Frühjahr und schieben dann auch die Samenkapsel mit heraus. Ich zeig es dir."

Mit diesen Worten nahm Medea wieder die Hand des Mädchens und sah ihr tief in die Augen, bis Elena erneut darin eintauchte. So ging es abermals auf die Reise, allerdings schien es dieses Mal etwas länger zu dauern, bis Elena wieder auftauchte.

Sie standen immer noch auf der Bergwiese, doch waren die blassrosafarbenen Blumen verschwunden. An ihrer Stelle sah Elena nun Blätter, die tulpenartig aus dem Boden kamen. Unwillkürlich dachte sie an Bärlauch-Blätter. Medea schien ihre Gedanken gehört zu haben, denn sie sagte: „Nein, es ist kein Bärlauch. Schau genau hin, dann erkennst du, dass diese Blätter alle ineinander verschachtelt herauskommen. Sie sind auch viel dickfleischiger und haben natürlich nicht den unverwechselbaren Geruch des Bärlauchs. Es genügt, nur wenige dieser Blätter zu verspeisen, um starke Vergiftungen bis zum Tod zu erleiden.

Dieses ist also die vierte Pflanze, die du niemals einfach so pflücken, ernten oder essen wirst. Merke sie dir gut!"

Mit diesen Worten machten sie sich auf die letzte Reise dieses Tages, die sie zurück in ihre Zeit brachte.

„Danke, Medea!", sagte Elena, als sie wieder zu Hause waren. „Heute habe ich sehr wichtige Dinge gelernt. Und Ihr habt recht, es ist gut, wenn man die Gefahren kennt, denn dann kann man sie auch bewusst vermeiden."

Medea lächelte das Mädchen an. „Ja genau. Und es ist besser, andere Menschen befürchten, dass man eine „Giftmischerin" ist, als dass man selbst unwissend durch Gifte stirbt. Ich werde dir in nächster Zeit noch mehr bedeutsame Pflanzen zeigen. Bis dahin wollen wir uns mit diesen vier beschäftigen, bis du ganz sicher im Umgang mit ihnen bist."

Und so geschah es, dass Elena eine Menge über die verschiedenen Kräfte von Pflanzen erfuhr und zu einer sehr heilkundigen Frau heranwuchs, die vielen Menschen und Tieren helfen konnte.

„Gibt es diese vier Pflanzen auch alle hier bei uns?", fragte Flinkes Wiesel, als Großmutter mit der Geschichte fertig war. „Ja, die gibt es hier", erwiderte seine Oma. „Können wir sie mal suchen?", fragte Kleiner Spatz schon wieder ganz abenteuerlustig.

„Ich würde vorschlagen, wir holen jetzt Großvater, und dann gehen wir gemeinsam zu der blauen Blume, um festzustellen, ob es der Blaue Eisenhut ist oder nicht. Übrigens haben den ganz viele Menschen im Garten, oftmals ohne sich richtig darüber im Klaren zu sein, wie giftig er sein kann, denn das schreiben die Händler in der Regel nicht dazu." „Klar, sonst würde ja niemand mehr solche Blumen kaufen", meinte Flinkes Wiesel. „Warum rottet man sie eigentlich nicht aus, wenn sie so gefährlich sind?"

„Daniel!", rief Großmutter überrascht aus. „Also ganz ehrlich: Etwas mehr Respekt den Pflanzen gegenüber hätte ich dir aber schon zugetraut! Der Mensch ist nicht das wichtigste Lebewesen auf dieser Erde, auch wenn viele das gern so hätten. Selbst die für uns giftigen Pflanzen und Tiere haben im großen Ganzen der Natur eine wichtige Aufgabe zu erfüllen. Und zum Glück stehen viele der Giftpflanzen unter Naturschutz und dürfen von daher gar nicht zerstört werden."

Flinkes Wiesel blickte verlegen zu Boden. Eigentlich fühlte er das ja auch so, dass alle Lebewesen gleich wichtig waren. Er wusste selbst nicht, wieso er plötzlich so eine blöde Aussage gemacht hatte.

„Gehen wir dann jetzt?", wechselte er schnell das Thema, um seine Verlegenheit zu verbergen.

„Aber Großmutter? Eigentlich ist es ja auch gar nicht so schlimm, dass es richtig giftige Pflanzen gibt. Wenn man einfach nichts pflückt und anfasst, was man nicht kennt, dann passiert einem doch auch nichts. Das hab ich heute von meinem Bruder gelernt!", sagte Kleiner Spatz stolz und ließ damit Flinkes Wiesel wieder in einem guten Licht erscheinen. Großmutter nickte: „Ganz genau, so verhält man sich richtig: Nur nehmen und berühren, was man sicher kennt. Gut, dann lasst uns losgehen und Großvater abholen!"

So machten sie sich auf, holten Großvater aus dem Haus, der soeben mit dem Abwasch fertig geworden war, um dann zu viert der blauen Blume einen Besuch abzustatten.

8

Der frühe Morgen war ausgesprochen mild an diesem Augusttag. Daniel und Sophia waren noch im Dunkeln mit den Großeltern zu ihren Sitzplätzen geschlichen, um sich den Sonnenaufgang anzuschauen.

Sophia liebte diese Zeit, wenn die Sonne ganz langsam die Nacht in den Tag zu verwandeln begann. Und besonders liebte sie es, wenn der Himmel dabei in den herrlichsten Rottönen leuchtete. Irgendwie war das eine feierliche, heilige Stimmung, fand sie. Die Großeltern hatten gemeint, dass sie heute Morgen wohl das Glück haben könnten, so einen besonderen Sonnenaufgang zu erleben.

Gedankenverloren kaute Sophia auf einem trockenen Aststückchen herum und beobachtete genau den Horizont. Inzwischen war es schon deutlich heller geworden.

Und auf einmal war es soweit: Die eben noch dunklen Wolkenschleier am Osthimmel begannen einen lilarosa-farbigen Anstrich zu bekommen! Sophia setzte sich begeistert auf, um ja nichts zu verpassen! Sie hatte das Gefühl, gar nicht genügend Augen zu haben, um sich den ganzen Himmel in Ruhe anzuschauen. Die Farben blieben nämlich nicht einfach mal ein paar Minuten lang gleich, bis Sophia alles betrachtet hatte, nein, sie änderten sich fließend und schon wurde aus dem Lilarot ein leuchtendes Rot, das sich langsam, aber stetig in ein kräftiges Orange verwandelte, so dass der ganze Himmel aussah, wie ein wunderschön loderndes Feuer! Doch gleich kurz darauf wurden die Wolken in ein sanft schimmerndes Gold getaucht, bis die Farben schließlich nach und nach verblassten, und die Sonne über den Horizont kletterte...

„Hach..., war das schön!", seufzte Sophia glücklich und lehnte sich wieder an den Baumstamm, zu dessen Füßen sie es sich bequem gemacht hatte. Sie ließ sich von den Sonnenstrahlen das Gesicht streicheln, bis ihr langsam die Augen zufielen...

„Sophi!... Hey, Kleiner Spatz, es ist Zeit fürs Frühstück!" Die leise Stimme ihres Bruders holte Sophia behutsam aus dem Reich der Träume zurück. Die Sonne stand inzwischen schon höher.

„Oh je, ich bin eingeschlafen!", stellte Kleiner Spatz fest. „Das macht doch nichts. Wir sind ja schließlich auch ganz schön früh aufgestanden", tröstete Daniel seine Schwester. Er half ihr auf die Füße und sie sprangen gemeinsam den Hang zum Feldweg hinunter, wo die Großeltern schon auf sie warteten.

„Es war sooooo... schön!", rief Kleiner Spatz den Großeltern entgegen. „Habt ihr das auch gesehen?"

Großmutter lachte und nahm Sophia in den Arm. „Ja, es war einfach herrlich! Immer wieder bewundere ich dieses Farbenspiel!...."

„Es geht bloß viel zu schnell, ich kann ja gar nicht so schnell hin- und hergucken!", beschwerte sich Sophia.

Flinkes Wiesel stimmte ihr zu: „Genau! Das ist wie in einem Film und nicht so, als würde man sich in Ruhe ein Fotoalbum anschauen."

Es dauerte gar nicht lange, bis sie an dem Haus der Großeltern ankamen. Die Hühner und der Hahn spazierten auf dem Misthaufen herum und gackerten und krähten. Die Großeltern hatten nämlich so einen richtig echten Misthaufen, wie er früher überall auf den Höfen gang und gäbe gewesen war. Daher stank es bei ihnen auch nie so penetrant nach Gülle...

Großvater ging näher an die Hecke, die den Weg zur angrenzenden Wiese säumte und betrachtete sie genauer.

„Was machst du da?", fragte Kleiner Spatz neugierig. „Oh, ich schaue nur, ob es heute noch regnen wird", erwiderte Großvater.

„Hä?.... Und wieso schaust du dann in die Hecke? Hat dir da jemand einen Zettel mit dem Wetterbericht hingehangen?", fragte Kleiner Spatz verständnislos. Manchmal war Großvater etwas seltsam...

Großvater lachte, nahm Kleinen Spatz auf den Arm und verriet dann: „Ja, fast ist es wie ein Zettel mit dem Wetterbericht darauf... Jedenfalls mindestens genauso treffsicher, wenn nicht sogar für uns hier noch viel genauer..." „Och, Großvater!", rief Kleiner Spatz leicht verzweifelt aus. „Du redest ja geheimnisvoller als eine verschlossene Schatztruhe! Nun rück schon raus: Was hast du wirklich angeschaut?" Kleiner Spatz kannte ihren Großvater gut genug, um zu wissen, dass er sie nur noch ein bisschen länger auf die Folter spannen wollte.

Flinkes Wiesel war stehen geblieben und hatte einfach nur zugehört. Jetzt kam er langsam auf die beiden zu. „Ich bin mir nicht ganz sicher, aber ich meine, dass man doch irgendwie auch an manchen Pflanzen oder Tieren erkennen kann, ob Regen im Anmarsch ist oder nicht. Ich glaub, so was hab ich mal irgendwo gelesen..."

Großvater zog anerkennend nickend die Augenbrauen hoch: „Super, Flinkes Wiesel! Genau richtig!"

„Und wie machen die Pflanzen und Tiere das? Die haben doch kein Fernrohr, um zu gucken, ob die Regenwolken schon kommen. Und einen Fernseher haben sie auch nicht und auch kein I-Phone...", meinte Kleiner Spatz etwas entnervt. Konnte sich denn nicht mal einer von beiden klar ausdrücken?

Großvater lachte erneut auf und setzte Kleinen Spatz wieder auf der Erde ab. „Vielleicht sollte ich euch eine Geschichte dazu erzählen. Es ist eine weitere von Folker, erinnert ihr euch? Das ist der Mann, der bei Askan etwas über Wolken gelernt hat. Und er war ja eine ganze Zeit dort zum Lernen und hat so auch etwas über die Bedeutung von Tieren und Pflanzen bezüglich des Wetters erfahren. Aber ich erzähle sie erst nach dem Frühstück, denn jetzt hab ich einen Riesenhunger

und eh ich gleich kleine Spatzen frühstücke.....“
Mit diesen Worten breitete er seine Arme aus und machte einen schnellen Schritt auf Kleinen Spatz zu, die laut „Hiiilfeee, ... Großmutter...!“ kreischend ins Haus flitzte.
So frühstückten sie zunächst, und dann ging Großvater mit seinen Enkeln nach draußen, um ihnen im Schatten der großen Linde eine Geschichte zu erzählen:

(Wetter/Regenmelder)

Die Sonne hatte sich bereits auf die Reise nach Westen gemacht, als Folker sich auf den Weg zu Askans Hütte begab. Er sah schon von Ferne die Rauchkringel von Askans Pfeife, was ihn vermuten ließ, dass der Druide vor seiner Hütte saß. Als Folker näher kam, sah er, dass seine Vermutung stimmte.

„Ah, da bist du ja! Komm, setz dich her und schenk dir einen Tee ein!“, forderte ihn der Druide auf.

Folker setzte sich, nahm sich einen Becher und füllte ihn mit dem verlockend duftenden Tee.

„Gut, dann lass uns über deine Lehre bei mir sprechen“, sprach Askan weiter. „Ich habe beschlossen, dass du dich lang genug mit dem Blick nach oben beschäftigt hast. Du kannst inzwischen das kommende Wetter sehr gut anhand der Wolken erkennen. Es wird Zeit für einen Blick nach unten, auf die Erde...“

Folker fühlte sich sehr geehrt durch das Lob des weisen Mannes. Verlegen antwortete er: „Ja..., ich..., danke für deine Anerkennung... Und was soll ich auf der Erde anschauen?“

„Ich möchte, dass du ab morgen früh losziehst und, deinen Blick nur auf die Erde richtend, die Pflanzen und Tiere fragst, was sie dir über den Regen erzählen können. Nach einer Woche treffen wir uns wieder und du berichtest mir, was du von ihnen gelernt hast.“

Folker dachte mit einem unbehaglichen Gefühl im Bauch an seine erste Lektion, bei der er zunächst gar nicht erkannt hatte, was er hätte lernen können. Er hoffte, dass er sich bei dieser zweiten besser anstellte.

So kam der nächste Morgen und Folker bemühte sich, keinen Blick in den Himmel zu werfen, wie er es bis jetzt über Monate jeden

Morgen getan hatte. Er frühstückte und wanderte dann los, um nach Pflanzen und Tieren zu suchen, die er befragen konnte.

Er kam an einem riesigen Ameisenhügel vorbei, doch die geschäftigen Tiere schliefen wohl noch. Schade, denn Folker war sich so sicher gewesen, hier gleich mal einen guten Anfang machen zu können.

So ging er weiter die Bergwiese hinauf, auf der er viele Silberdisteln fand. Sie schienen auch noch zu schlafen, obwohl die Sonne schon aufgegangen war. Dennoch hockte sich Folker zu einer hin und klopfte vorsichtig an die Blüte. „Hallo? Guten Morgen! Ich hätte da mal eine Frage...“ Folker wartete geduldig, doch die Distel schwieg. So probierte er sein Glück bei der nächsten.

„Was soll denn das? Kannst du nicht ein anderes Mal wiederkommen? Ich habe heute keine Lust zum Reden!“, antwortete ihm diese Distel gereizt.

„Nun, ich möchte doch bloß wissen, was du über den Regen weißt“, versuchte es Folker trotzdem.

„Was soll ich schon darüber wissen?“, grummelte es aus der Tiefe der Blüte. „Er ist nass, was sonst?“

Hm, das war keine wirklich hilfreiche Antwort, dachte Folker bei sich. Er probierte es noch bei weiteren, doch die Antworten waren ähnlich: Entweder wurde er auf einen anderen Tag vertröstet oder man sagte ihm Dinge, die er selber bereits wusste. Schließlich gab er auf und begab sich zurück zum Wald.

Als er den Rand des Waldes erreichte, hielt er nach den Kreuzspinnen Ausschau, deren Radnetze er hier schon so oft bewundert hatte. Doch er konnte keine finden.

„Was ist denn heute nur los?“, fragte sich Folker und zog etwas entmutigt weiter.

Endlich hörte er eine Amsel ihren wunderschönen Morgen- oder Abendgesang flöten, und das, obwohl es doch jetzt auf Mittag zuging. Nur war sie zu hoch oben, als dass er hätte mit ihr sprechen können, denn er sollte seinen Blick ja auf die Erde gerichtet lassen.

Genauso erging es ihm mit einem Rotkehlchen, es war echt zum Mäusemelken...

Als er schließlich am Nachmittag auf eine Lichtung kam, sah er dort ein paar Rehe grasen und herumspringen.

„Hallo ihr da!", rief Folker erfreut. Die Rehe schauten zu ihm herüber und warteten, bis er sie erreicht hatte. „Hallo, schön euch zu sehen! Ich würde euch gerne etwas fragen", erklärte er ihnen. „Gut, und was?", antwortete ihm das älteste Tier. „Was wisst ihr über Regen?", fragte Folker gespannt.

Die Rehe schauten sich etwas ratlos an. „Was sollen wir darüber wissen, was du nicht auch weißt? Er ist nass, besteht aus einzelnen Tropfen, die mal groß und mal klein, mal kalt und mal warm sind...", antwortete die Ricke.

„Hm, ich weiß auch nicht, was ihr mehr darüber wissen könntet...", meinte Folker kleinlaut. Langsam hatte er doch das Gefühl, dass er die Aufgabe nicht richtig verstanden hatte. Er bedankte sich bei den Rehen, die ihm immerhin bereitwillig Auskunft gegeben hatten und kehrte zurück nach Hause. Bevor er dort ankam, begann es langsam zu regnen. Folker versuchte die Tropfen bewusst zu spüren, um vielleicht selbst auf irgendetwas zu kommen, was die Tiere und Pflanzen ihm hätten sagen können. Doch es kam ihm kein passender Gedanke.

Am nächsten Tag regnete es gleich morgens, so dass Folker sich erst schon gar nicht auf den Weg machen wollte. Aber da es seine Aufgabe für diese Woche war, zog er doch los. Die Ameisen blieben jedoch weiterhin unsichtbar, die Silberdisteln antworteten heute gar nicht, die Spinnen ließen sich nicht blicken, die Vögel schwiegen und auch die Rehe konnte Folker nirgendwo entdecken. Dafür traf er auf mehrere Feuersalamander. Mit einem besonders großen unterhielt er sich länger und fragte schließlich auch ihn, ob er ihm etwas über den Regen erzählen könnte.

Der Feuersalamander sah Folker ein wenig erstaunt an. „Nun, was sollte ich dir darüber berichten, was du nicht schon selber weißt? Auch wenn wir die „Regenmännchen" genannt werden, weiß ich nicht mehr als du über die Beschaffenheit des Regens." „Warum heißt ihr „Regenmännchen"?", fragte Folker interessiert. „Weil du tagsüber bei Regen nur uns Männchen oder die jungen Tiere treffen wirst. Aber mal eine Gegenfrage: Bist du sicher, dass DU die richtige FRAGE stellst?", antwortete ihm das feurige Tier.

Folker schaute den Salamander erstaunt an. „Die richtige Frage..., hm... Ich soll die Pflanzen und Tiere fragen, was sie mir über den Regen erzählen können, so lautet die Aufgabe..."

„Und hast du schon Antworten bekommen, die dich weitergebracht haben?", fragte der Feuersalamander. Als Folker dies verneinte, sprach das leuchtend gefleckte Tier weiter: „Nun, wenn man keine befriedigenden Antworten bekommt, könnte es einfach daran liegen, dass man die falschen Fragen gestellt hat. Warum wohl sollst du die Pflanzen und Tiere fragen, was sie über den Regen wissen? Was ist das eigentliche Ziel dabei? Was willst du denn wirklich von ihnen lernen?", fragte der Feuersalamander viele Fragen.

Folker dachte nach. So langsam dämmerte es ihm, dass er die Aufgabe wohl tatsächlich falsch angegangen war. Der Salamander hatte recht: Folker war bei Askan, um ein Wetterkundiger zu werden, um also zu lernen, woran man erkennen konnte, ob sich das Wetter wann wie ändern würde oder nicht. Wenn Askan ihm also auftrug, andere über den Regen zu befragen, dann gab es offensichtlich wohl Lebewesen, die irgendetwas über einen Wetterwechsel sagen konnten.

„Hey, ich danke dir, mein Freund! DU hast mir auf alle Fälle jetzt die richtigen Fragen gestellt! Und ich habe bisher eindeutig falsch gefragt! Ich bin nämlich eigentlich auf der Suche nach Pflanzen und Tieren, die irgendwie wissen, ob es bald zu regnen beginnen wird. Nun weiß ich, wie ich die Sache angehen muss!!", frohlockte Folker. „Danke für deine Hilfe!"

Mit diesen Worten verabschiedete er sich von dem Feuersalamander und machte sich glücklich auf den Heimweg.

Am nächsten Tag regnete es weiter und Folker sprach nur mit ein paar Schnecken, die bei diesem Wetter fleißig unterwegs waren. Sie mochten den Regen, weil er ihnen das Vorankommen erleichterte.

Am darauffolgenden Tag schien schon morgens wieder die Sonne, was Folker auch ohne einen Blick in den Himmel gut auf der Erde erkennen konnte. Frohen Mutes lief er los und fand die Ameisen geschäftig hin- und herflitzend an ihrem Hügel.

„Hallo, guten Morgen, kann mir eine von euch vielleicht kurz sagen, ob ihr im Voraus wisst, wenn es bald zu regnen beginnen wird?", fragte er hoffnungsvoll. Einige der Arbeiterinnen hielten an und erklärten bereitwillig: „Oh ja, glücklicherweise wissen wir das. So bleibt uns genügend Zeit, dass wir uns alle tief nach innen in den Hügel zurückziehen können."

„Faszinierend!", sagte Folker, bedankte sich und ging zu den Silberdisteln.

„Oh, nein, nicht der schon wieder!", stöhnte die erste, die ihn entdeckte. „Nein, wir wissen nichts Besonderes über den Regen!", rief sie ihm abwehrend von weitem entgegen. Folker lachte und ging direkt auf sie zu.

„Tut mir leid, ich hab euch ganz schön genervt, was? Lass mich dir eine andere Frage stellen: Kannst du fühlen, ob es in nächster Zeit regnen wird, sagen wir mal so innerhalb der nächsten 24 Stunden?"

„Na, das ist wenigstens mal eine gescheite Frage!", rief die Silberdistel überrascht aus. „Oh ja, das kann ich! Und zwar supergut! Auf mich kannst du dich verlassen! Wenn ich meinen Kopf nicht öffne, dann wird es hundertprozentig bald Regen geben! Aber das ist heute nicht der Fall", erklärte sie ihm stolz.

„Danke, danke! Das ist ja total bewundernswert!", rief Folker anerkennend aus. „Ich wünsche dir noch einen schönen Tag!"

Und während er auf den Waldrand zulief, hatte er schon so eine Vorahnung, dass auch die Kreuzspinnen wieder da sein würden. Er sollte sich nicht täuschen, viele Spinnen hatten ihre kunstvollen Radnetze überall hingespannt. Vorsichtig näherte sich Folker einem Netz und befragte die dort sitzende Spinne nach ihrem Gespür für den kommenden Regen.

„Oh ja, das weiß ich irgendwie. Wenn der Regen naht, baue ich gar kein Netz oder fresse es auf, weil es eh kaputt gehen würde. Aber ich kann dir nicht sagen, woher ich das weiß, tut mir leid", erklärte die Spinne ihm höflich. „Das ist auch gar nicht wichtig. Weißt du, man muss nicht immer wissen, WARUM etwas so ist, wie es ist, sondern oft ist es einfach nur wichtig zu wissen, DASS es so ist, wie es ist. Ich

danke dir jedenfalls für deine Auskunft! Einen schönen Tag noch!"
Mit diesen Worten verließ er die Spinnen und machte sich auf die Suche nach den Rehen. Die Amsel und das Rotkehlchen hörte er zwar singen, aber es war nicht der eigentlich auffällige Gesang, den er morgens und abends hörte, sondern mehr die üblichen „Zwischendurch-Gesänge". Er überlegte, ob sie diesen besonderen Gesang vielleicht auch nur zusätzlich machten, wenn Regen bevorstand... Das galt es noch herauszufinden.

Er suchte den ganzen Tag nach den Rehen, doch erst, als es dämmerte, fand er sie auf einer Wiese. Sie erkannten ihn gleich wieder und kamen ihm entgegen. „Du siehst so aus, als wärest du immer noch mit deiner Frage beschäftigt", entgegnete ihm die alte Ricke. Folker lachte: „Nein, jetzt ist es eine andere! Und zwar wüsste ich gern von euch, ob ihr spüren könnt, wenn es bald Regen geben wird."

„Oh ja, das können wir! Das ist irgendwie unangenehm und macht uns unruhig. Daher laufen wir auf die Wiesen und grasen noch etwas, bevor wir uns einen möglichst regengeschützten Platz suchen."

„Toll!", rief Folker begeistert. Er bedankte sich und ging glücklich nach Hause. Die nächsten Tage verliefen ähnlich, und als er dann am siebten Tag wieder keine Ameisen sah und die Silberdisteln geschlossen vorfand, die Spinnen keine Netze gebaut hatten, die Amseln und Rotkehlchen auffällig sangen und Folker die Rehe auf der Lichtung sah, da wusste er, dass es bald Regen geben würde. Er war überglücklich, weil er fühlte, dass er in dieser Woche richtig etwas gelernt hatte.

So konnte er schließlich Askan von einigen interessanten, neuen Erkenntnissen berichten. Der Druide lächelte ihn freundlich an: „Ich bin sehr stolz auf dich! Du hast viel gelernt in dieser Woche! Es gibt noch mehr Tiere und Pflanzen, die dir etwas vom Regen erzählen können, und je mehr von ihnen du kennst, desto leichter wird es für dich, etwas vorherzusagen. Denn je nach dem, an welchem Ort du dich aufhältst, wirst du auf unterschiedliche Tiere und Pflanzen treffen. Und manchmal verhalten sich auch einige von ihnen aus irgendeinem Grund einfach anders, als du es bisher erfahren hast. Es ist also sehr wichtig, so viel wie möglich zu beobachten, um dann die wertvollen Hinweise richtig deuten zu können.

Und genau das wird deine Aufgabe für die nächsten Wochen sein. Ab morgen werde ich dich eine Zeit lang dabei begleiten!", schloss der Druide seine Rede.

Und so lernte Folker in den nächsten Wochen noch einige andere Lebewesen kennen, die ihm beim Regenvorhersagen behilflich sein konnten.

„Hey, wow, das ist ja voll cool!", rief Flinkes Wiesel begeistert, kaum dass Großvater mit der Geschichte fertig war.

„Dann hast du also nach den Kreuzspinnen gesucht oder nach ihren Netzen?", fragte Kleiner Spatz ihren Opa.

„Ja genau!", antwortete dieser. „Und es waren keine da... Habt ihr eine Idee, warum ich überhaupt danach geschaut habe?", wollte er dann noch wissen.

Flinkes Wiesel und Kleiner Spatz überlegten. Dann meinte Flinkes Wiesel etwas zögerlich: „Vielleicht wegen des Sonnenaufgangs?"

„Wieso, es geht doch jeden Morgen die Sonne auf", sagte Kleiner Spatz. Sie konnte sich keinen Reim darauf machen, was das mit den Spinnen zu tun haben sollte.

Doch Großvater nickte und Flinkes Wiesel sprach weiter: „Weil..., ich glaube, dass ein roter Morgen... Da gibt es doch so einen Spruch: „Morgenrot, Schlechtwetter droht", stimmt das, Großvater?"

„Ja, genau richtig! Eine alte Bauernweisheit. Die Menschen hatten ja früher keinen Wetterbericht, der ihnen sagte, wie es werden würde, und so haben sie einfach ganz viel beobachtet und sich ihre Merksätze daraus hergeleitet."

„Ich hab eine Idee!", rief Kleiner Spatz plötzlich aus. „Wir könnten doch in unserem Buch, wo wir immer die Wolken reinschreiben, auch noch eine Spalte für Tiere und eine für Pflanzen machen."

„Du meinst in unserem „Wettervorhersage-Buch"?", fragte Großvater. „Das ist eine gute Idee! Dann beobachten wir ab jetzt also nicht nur die Wolken, sondern notieren uns auch noch das Verhalten

von Pflanzen und Tieren. Mal sehen, was sich daraus so über das kommende Wetter herausfinden lässt!"

Während er das sagte, kam Gerd, der Hund, zu ihnen getrabt. „Uah, du riechst ja heute intensiv nach Hund!", rief Flinkes Wiesel entsetzt, als Gerd an ihm vorbei war.

„Und auch das ist wieder ein wichtiger Hinweis!", lachte Großvater und kraulte den großen Hund.

„Und die Hühner auf dem Misthaufen auch?", fragte Flinkes Wiesel, der den Morgen noch mal schnell in Gedanken durchgegangen war.

„Ja, auch die!", antwortete Großvater anerkennend.

Dann standen sie alle drei auf und gingen um den Baum herum auf die Wiese, wobei sie feststellten, dass sich schon einige Schleierwolken auf dem blauen Himmel niedergelassen hatten, was, wie sie bereits wussten, ebenfalls einen Wetterumschwung ankündigte.

9

Die letzte Woche war etwas regnerisch gewesen, so dass die Wiese noch ziemlich feucht war, als Sophia und Daniel sie an diesem September-Morgen betraten. Die Geschwister wollten ein wenig Speerwerfen üben und ihre Technik mit der Speerschleuder verbessern.

„Warte mal, ich kremple mir erst meine Hose höher", sagte Daniel zu seiner Schwester. „Das Gras ist so hoch und feucht, da hab ich ja sonst gleich eine total nasse Hose."

„Das ist eine gute Idee, das mach ich auch", erwiderte Sophia und begann ebenfalls ihre Hose hochzukrempeln. Da sie beide, wie fast immer während der warmen Monate, barfuß unterwegs waren, hatten sie wenigstens keine Probleme mit nassen Schuhen oder Strümpfen.

Flinkes Wiesel schlenderte bereits ein Stück weiter, während Kleiner Spatz noch mit ihrer Hose beschäftigt war. „Warte auf mich!", rief sie ihm hinterher. Flinkes Wiesel drehte sich zu ihr um und legte schon mal den Speer in die Schleuder.

Sobald Kleiner Spatz mit dem Hochkrempeln fertig war, schnappte sie sich Speer und Schleuder und lief auf ihren Bruder zu. Abrupt blieb sie stehen, als sie ihn mit dem Speer in ihre Richtung haltend stehen sah. „Großvater hat gesagt, wir dürfen auf nichts Lebendes zielen", rief sie Flinkes Wiesel entgegen.

„Oh, sorry, war keine Absicht!", entschuldigte sich Flinkes Wiesel und nahm den Speer herunter. Sophia lief wieder los und flitzte an ihrem Bruder vorbei. „Ich bin Erster!", rief sie dabei. Daniel verdrehte hinter ihrem Rücken die Augen. Als wenn es ihm wichtig wäre, vor ihr an der Abwurfstelle anzukommen. Aber um seiner Schwester den Spaß nicht zu verderben, versetzte er sich auch in einen Trab.

Kleiner Spatz blieb erneut abrupt stehen. „Flinkes Wiesel, schau mal, was ist das?" Sie deutete auf irgendetwas weiter vor ihr, doch ihr Bruder sah erst, was sie meinte, als er sie fast erreicht hatte: Etwas großes Weißes hockte da vor ihnen in der Wiese.

Eine Gans? Oder ein Schwan? Oder welches Tier war noch weiß? Durch das hohe Gras ließ es sich jedenfalls nicht genau bestimmen, da so einen Großteil des Tieres verdeckt wurde.

Flinkes Wiesel begann sogleich im Fuchsgang weiterzugehen. Kleiner Spatz verhielt sich ganz still, bis ihr Bruder sie erreicht hatte. „Was ist das?", fragte sie erneut, dieses Mal aber ganz leise.

„Ich weiß es nicht", flüsterte Flinkes Wiesel zurück. „Vielleicht eine Gans..."

„Oder ein Schwan?" Kleiner Spatz fand die Vorstellung von einem Schwan vor ihr in der Wiese noch viel spannender.

„Lass es uns mal ganz langsam anschleichen. Mal sehen, wie nah wir herankommen", schlug Flinkes Wiesel vor. „Sind Schwäne nicht gefährlich?", wisperte Kleiner Spatz aufgeregt. „Ich glaub nur, wenn sie Junge haben, aber der hier sitzt ja ganz alleine da. Vielleicht ist es ja auch doch eine Gans", beruhigte Flinkes Wiesel seine Schwester.

Also schlichen sie ganz langsam und leise, wie sie es von den Großeltern gelernt hatten, mit Eulenblick und im Fuchsgang auf den Vogel zu. Immer näher und näher kamen sie und der Vogel blieb ganz still sitzen.

Flinkes Wiesel und Kleiner Spatz waren zunächst stolz auf ihr

Schleichkünste, bis sich so ganz langsam Zweifel breit machten. Der Vogel sah beim Näherkommen gar nicht so groß aus und seltsamerweise bewegte er sich so absolut überhaupt nicht. War er tot oder war es vielleicht nur ein Teil von einem Vogel?

Die Geschwister schlichen trotz ihrer Zweifel noch ein Stückchen weiter. Flinkes Wiesel blieb schließlich stehen und schaute seine Schwester an. Kleiner Spatz schaute zu dem weißen Teil, dann zu Flinkes Wiesel, dann wieder zum dem weißen Teil, und dann fing sie lauthals an zu lachen. Ihr Bruder konnte sich ebenfalls kaum noch vor Lachen halten. Sie hatten soeben beide erkannt, dass sie keinen Vogel, sondern einen Stein angeschlichen hatten!

Sie kugelten sich vor Lachen und Flinkes Wiesel prustete hervor: „Ein Stein...! Wie schwierig...!" Es dauerte eine ganze Weile, bis sich die beiden wieder einigermaßen beruhigt hatten. Kleiner Spatz wischte sich die Tränen aus den Augen und meinte dann: „Schon komisch, wo der wohl hergekommen ist? Ich hab ihn jedenfalls noch nie hier gesehen. Der wäre mir doch aufgefallen, als die Wiese nicht so hoch war, oder?"

Flinkes Wiesel dachte kurz nach: „Stimmt, das echt seltsam!" Er stand auf und ging zu dem Stein. „Das ist gar kein Stein!", rief er dann aus. „Was?? Doch ein Vogel?", fragte Kleiner Spatz erstaunt, rappelt sich schnell auf und lief zu ihrem Bruder.

Das Gebilde vor ihnen sah aus wie ein großer, überdimensionaler, weißer Kieselstein und hatte locker Fußballgröße. „Und was ist das dann?", fragte Kleiner Spatz ratlos.

„Ein Pilz, glaube ich... Nicht anfassen!", stoppte Flinkes Wiesel seine Schwester, die gerade das Teil mit dem Finger berühren wollte. „Ich hab keine Ahnung, ob der giftig ist", erklärte er weiter.

„Ein Pilz? So groß?", staunte Sophia ungläubig. „Lass uns Großvater und Großmutter holen! Die kennen sich doch gut aus mit Pilzen und können uns bestimmt sagen, ob das einer ist!"

„Ja genau! Das machen wir!", stimmte Flinkes Wiesel zu. Dann fing er wieder an zu lachen: „Verraten wir ihnen, dass wir ein Teil angeschlichen haben, das gar nicht weglaufen kann oder nicht?"

Da musste Kleiner Spatz auch wieder lachen. „Besser nicht!", kicherte sie. „Oder vielleicht später..." Ihr Bruder stimmte ihr, immer noch lachend, zu. So liefen sie fröhlich zu den Großeltern und berichteten von ihrer Entdeckung.

Diese waren nicht sonderlich überrascht. „Ja, der wächst da immer wieder", erzählte ihnen Großvater. „Dann lasst uns mal hingehen und schauen, ob wir ihn noch essen können", schlug er seinen Enkeln vor.

„Der ist essbar?", fragte Kleiner Spatz. „Bist du ganz sicher? Du hast ihn doch noch gar nicht gesehen."

Großvater schaute seine Enkelin lächelnd an. „In diesem Fall bin ich mir aber ganz sicher zu wissen, was das für ein Pilz ist, und der ist im jungen Zustand sehr schmackhaft", erläuterte er ihr.

Also begaben sie sich gemeinsam zur Wiese und die Kinder zeigten ihrem Großvater, wo sich das weiße Kugelgebilde befand. Als sie es erreichten, nickte Großvater, bückte sich und fasste mit den Händen auf den Pilz, wobei er ihn leicht drückte.

„Was machst du da jetzt?", fragte Flinkes Wiesel.

„Er sieht von der Farbe her noch gut aus, also jung, und ich wollte überprüfen, ob er sich auch noch fest anfühlt. Er ist gut, wir können ihn mitnehmen", erklärte Großvater.

Dann nahm er sein Messer und schnitt den großen Pilz ganz vorsichtig unten ab. Nachdem er das scharfe Teil wieder weggesteckt hatte, nahm er den Pilz und überreichte ihn Kleinem Spatz.

„Auf geht's! Du kannst ihn nach Hause tragen!" Stolz nahm sie den Pilz entgegen, aber als sie am Ende der Wiese ankamen, übergab sie ihn Flinkes Wiesel. „Du kannst das besser!", meinte sie. Und so übernahm ihr Bruder den Pilz und trug ihn ins Haus.

„Wieso bist du dir so sicher, dass man den essen kann? Es gibt doch irgendwie immer einen ähnlichen giftigen Doppelgänger, oder nicht? Jedenfalls wird doch andauernd wieder davor gewarnt, dass man Pilze nicht so sorglos ernten soll. Und es gibt doch auch immer wieder Leute, die sich vergiften, obwohl sie sich angeblich auskannten", fragte Flinkes Wiesel interessiert.

„Ja, viele Pilze haben giftige oder ungenießbare Doppelgänger", antwortete Großvater. „Aber es gibt auch ein paar, bei denen die Sache einfacher ist. Und das ist zum Beispiel beim Riesenbovist so. So *groß, weiß und kugelig wird kein anderer Pilz."*

„Wollt ihr eine Geschichte zu solchen Pilzen hören?", fragte er dann seine Enkel.

„Au ja!", riefen diese begeistert. Sogleich machten sie es sich auf der Küchenbank gemütlich und Großvater begann zu erzählen:

(Essbare Pilze)

Die Morgensonne erhellte den Wald mit ihren goldenen Strahlen und überall glitzerte der Tau auf den bunten Blättern. Die Luft war erfüllt von einem erdigen Geruch, der einem auch bei geschlossenen Augen verriet, dass der Herbst bereits begonnen hatte. Und es roch herrlich nach Pilzen! Marris lief begeistert um seinen Opa herum und suchte mit den Augen den Boden ab.

„Marris! Komm einmal her!", rief ihn sein Opa. Marris hopste zu seinem Großvater. „Es ist so schön! Wo sind denn jetzt die Pilze?", fragte er. Sein Opa ging vor ihm in die Hocke, so dass er auf Augenhöhe mit ihm war. „Weißt du, Marris, Pilze suchen ist etwas Bedächtiges. Man geht ganz ruhig und langsam durch den Wald und kann so alles gleichzeitig genießen: Die Sonnenstrahlen, die hier so schön durch die Zweige scheinen, die verschiedenen Pflanzen und Bäume, die vielen Gerüche.... Und dann sieht man auch Tiere, die normale Spaziergänger und Wanderer gar nicht erst zu Gesicht bekommen, weil die Tiere das Laute und Hektische nicht besonders mögen und sich ganz schnell verstecken, wenn sie Menschen so daherstapfen hören.

Ja, wir Pilzsucher sind anders, und wenn wir auf unsere Art durch den Wald gehen, dann sind da auch plötzlich die Pilze! Es ist eher so, dass sich die Pilze DIR zeigen, als dass du SIE findest. Es ist fast ein bisschen wie Zauberei..." Marris' Opa ließ seinen Blick durch den Wald gleiten. Und Marris spürte, wie Aufregung und Abenteuerlust in seinem Bauch ein herrliches Kribbeln entfachten.

„Was meinst du, wollen wir beide uns von den Pilzen finden lassen?", fragte ihn sein Opa dann. Marris nickte andächtig.

Sein Großvater stand wieder auf, hielt ihm seine große Hand hin und Marris legte seine kleine hinein. So gingen sie gemeinsam ganz leise und langsam weiter.

Auf diese Weise sahen und erlebten sie tatsächlich all das, von dem Marris' Opa erzählt hatte: Die Sonnenstrahlen, die Pflanzen und Bäume, die vielen Gerüche... Ja, sie trafen sogar Tiere, die Marris noch nie gesehen hatte, wie z.B. den großen Dachs, der eilig auf dem Rückweg zu seiner Wohnung war.

Und nach und nach zeigten sich ihnen auch die Pilze. Marris' Großvater kannte viele von ihnen und wusste, welche man gut essen konnte und welche nicht. Marris dagegen fand, dass irgendwie alle gleich aussahen, obwohl sein Opa ihm immer wieder die Unterschiede erklärte.

Irgendwann merkte Marris, dass er gar nicht mehr richtig aufpassen konnte. „Opa? Kann ich mich eine Weile hier hinsetzen und ein bisschen ausruhen, während du so um mich herum weitersuchst?", fragte er schließlich.

„Oh ja, natürlich, Marris", antwortete sein Opa. „Setz dich hier ruhig hin, ich bleib in der Nähe."

So spazierte der Großvater weiter und Marris ruhte sich ein wenig aus. Und während er so dasaß und an gar nichts mehr dachte, sah er plötzlich, wie direkt neben ihm zwei Männchen in roten Mänteln, die mit hell glitzernden Edelsteinen besetzt waren, aus dem Boden herauswuchsen. Sie sahen aus wie ein kleiner König mit seinem Sohn oder wie lebendig gewordene Fliegenpilze. Marris blieb vor Staunen der Mund offen stehen.

„Das hast du richtig erkannt!", sprach der kleine König zu ihm. „Ich bin Amanita, der König der Pilzlinge, und das hier ist mein Sohn Muscari." Muscari lächelte Marris stolz, aber freundlich an.

„Ah... Oh... Echt?", stotterte Marris. „Ich heiße Marris und bin mit meinem Opa hier."

„Ja, ich weiß", antwortete Amanita. „Ihr seid auf der Suche nach meinem Volk. Jedenfalls nach dem Teil meines Volkes, von dem wir beschlossen haben, dass er nebenbei auch anderen Lebewesen als Nahrung dienen kann."

Oh Mann, das klang in Marris' Ohren gar nicht so einfach. „Hier, nimm das und iss es", sagte der Pilzkönig, während er ein Stück von seinem wunderschönen Mantel herausriss. „Dann kannst du mit uns eine kleine Reise unternehmen, und ich zeige dir mein Land und mein Volk.“

Marris nahm das rote Stückchen, das so groß wie ein kleiner Schokoladenriegel war, und steckte es in den Mund. Ein leicht süßlicher Geschmack breitete sich auf seiner Zunge aus, und schon im nächsten Augenblick fühlte Marris, wie er nach oben gezogen wurde und mit Amanita und Muscari von dannen flog. Alles ging so schnell, dass Marris überhaupt keine Orientierung mehr hatte. Zuerst fühlte es sich so an, als flögen sie der hellleuchtenden Sonne entgegen, doch dann wurde es plötzlich eher dunkel wie in der Dämmerung, nur das alles in ein warmes, erdiges Braun getaucht zu sein schien.

Amanita, Marris und Muscari landeten sicher auf dem moosigen Boden. Und dann stand Marris einfach nur da und betrachtete diese wundersame Welt, die er hier vorfand: Es kam ihm vor, als würden sie sich unter der Erde befinden und als würde die goldene Sonne durch unzählige Löcher hindurchleuchten, -glitzern und -blinken und so dieses riesige braune Land in eine ewige goldbraune Morgendämmerung verwandeln. Überall sah er die ungewöhnlichsten Gebilde, die wie Pflanzen und Bäume wirkten und alle aus weißlich bis braunen Fäden zusammengesetzt zu sein schienen.

„Willkommen in meinem Königreich!“, sagte Amanita und ging die breite Treppe zu einem schlossähnlichen Gebäude hinauf. Muscari nickte Marris aufmunternd zu, und so folgten sie gemeinsam dem König hinauf in das Schloss, das ebenfalls aus unzähligen Fäden zu bestehen schien.

Oben angekommen, durchquerten sie mehrere Säle, bis sie schließlich auf einen breiten Balkon hinaustraten. „Von hier aus hast du einen noch besseren Ausblick auf unser Land“, sprach Amanita.

Marris ging ein paar Schritte vor. Sprachlos vor Staunen stand er einfach nur da und schaute. Er konnte später nicht mehr genau beschreiben, was er von dort oben eigentlich gesehen hatte, nur noch, dass es alles übertraf, was er je an Prachtvollem gesehen hatte. „Wahnsinn...!“, war schließlich das Einzige, was ihm über die

Lippen kam.

Amanita lächelte verständnisvoll und nach einer angemessenen Weile führte er seinen Gast in den Speisesaal, wo Marris ebenfalls wieder kaum aus dem Staunen herauskam. Seltsamste Pilz-Männchen, in verschiedenste Kleider gehüllt und mit außergewöhnlichsten Kopfbedeckungen, kamen plötzlich von überall geschäftig hergelaufen. Sie brachten Speisen und Getränke, die so vielfältig waren, dass Marris sich wunderte, dass er keine von ihnen kannte. Und sie schmeckten köstlich, so dass er von allem probierte, was ihm angeboten wurde.

Nach diesem reichhaltigen Mahl zog sich der König mit Marris in eine kleine Bibliothek zurück. „Und, wie gefällt dir mein Land?", fragte Amanita. „Es ist wundervoll!", rief Marris begeistert aus.

Amanita nickte: „Hast du gewusst, dass wir zu den ältesten Völkern der Erde gehören? Und dass ohne uns das Leben auf der Erde gar nicht richtig funktionieren würde?"

Marris schüttelte den Kopf. „Dachte ich mir", sagte Amanita. „Nun, vor langer Zeit wurde beschlossen, dass die Erde nicht nur von Wasser, sondern auch von Landmassen bedeckt sein sollte, auf denen die Grün- und Tierlinge leben sollten.

Doch dabei ergab sich ein Problem: Leben bedeutet, dass sich alles in ständiger Veränderung befindet. Manches wandelt sich schneller, manches langsamer. So auch die Grün- und Tierlinge. Es mussten immer wieder welche gehen, damit neue kommen konnten, denn sonst wäre ja alles gleich geblieben. Das wurde dadurch gelöst, dass sich die Tierlinge von den Grünlingen oder anderen Tierlingen ernährten, wodurch diese weniger wurden. Die Grünlinge selbst sollten einerseits das Sonnenlicht nutzen, andererseits durch das Wasser und die Mineralien im Boden ernährt werden. Außerdem wurden noch die Jahreszeiten in einigen Gebieten eingeführt, was ebenfalls zum Sterben mancher Lebewesen führte. Doch was sollte mit den toten oder vergehenden Körpern geschehen, die nicht oder nicht komplett von anderen gefressen worden waren, und wie konnten neue Mineralstoffe in den Boden gelangen?

Genau diese Aufgaben haben wir Pilzlinge übernommen! Wir sind

sozusagen der größte Aufräum- und Verwandlungsdienst der Erde!",
sagte Amanita nicht ohne Stolz.

Marris lachte! „Könnt ihr auch mal bei mir in meinem Zimmer vorbeischauen? Mama sagt immer, da muss dringend aufgeräumt werden!"

Amanita lachte auch: „Gerne! Nur wäre deine Mutter vermutlich nicht ganz so begeistert von unserem Erscheinen und unserer Arbeit...!"

Marris nickte und dachte dann kurz nach: „Aber wie schaffen es denn so wenige Pilze so viel aufzuräumen und umzuwandeln? Man findet euch doch gar nicht immer..."

„Oh, das, was du meinst, das sind nur unsere Fruchtkörper. So wie der Apfel eines Apfelbaumes. Allerdings kannst du den Apfelbaum sehen und von unserem eigentlichen Körper siehst du in der Regel so gut wie nichts. Wir arbeiten im Verborgenen. Aber da wir uns auch gerne künstlerisch betätigen, haben wir beschlossen, witzige Fruchtkörper zu bauen, die so geschickt gemacht sind, dass unsere Samen durch Tierlinge oder Wind optimal verteilt werden. Jedoch wollten nicht alle von uns, dass ihre Fruchtkörper auch von anderen Lebewesen verspeist werden, und so haben manche ein paar Giftstoffe eingebaut", erklärte Amanita.

„So wie du!", rief Marris fröhlich. „Opa hat gesagt, dass man Fliegenpilze nicht essen darf, weil sie giftig sind!"

„Ja, ja...", sagte Amanita nachdenklich. „Und doch haben es immer wieder Menschen ganz bewusst getan... Aber du hast recht, einen König sollte man nicht verspeisen!"

Nach einer kleinen Pause fuhr er fort: „Ich möchte dir jetzt noch vier meiner Gefolgsleute vorstellen, die ein besonders großes Herz für Menschen haben. Da Menschen zu den eher einfältigen Tieren gehören, ist es für sie besonders schwer, die genießbaren Pilzlinge von den ungenießbaren zu unterscheiden..."

„Hey, wir sind nicht dumm und Tiere sind wir auch nicht!", rief Marris aus.

„Nein? Nun, das ist wohl immer eine Sache des Betrachters. Aber lassen wir das, es ist nicht wirklich wichtig, wer was ist oder eben

nicht. Ich werde jetzt die vier rufen, die ich dir vorstellen möchte",
antwortete Amanita gelassen und drückte einen goldenen, mit
Diamanten besetzten Knopf, der in seiner Stuhllehne eingearbeitet
war.
Es dauerte nicht lange, da klopfte es an der Tür und herein kam ein
riesiges, dickes Pilzmännchen, das eher an einen Fußball erinnerte
als an einen Pilz. Es war vollständig in Weiß gekleidet und lächelte
Marris freundlich an.
„Hallo Bovi!", begrüßte Amanita den pilzigen Fußball. Bovi verbeugte
sich höflich vor dem König der Pilzlinge. Dann kam er auf Marris zu
und hielt ihm lächelnd die Hand entgegen.
„Dein Volk nennt mich „Riesenbovist" und ich bin der Einzige von
uns, der so große, weiße und runde Früchte baut!", sprach er stolz.
„Du wirst mich sicher leicht erkennen! Und meine Fruchtkörper
kannst du gut essen, solange sie jung sind."
Während Marris Bovi noch genau betrachtete, klopfte es erneut und
ein eleganter, sehr dünner Pilzherr trat ein. Er passte gerade so
durch die Tür, so groß war er und so riesig war sein Hut, der eher an
einen Sonnenschirm erinnerte. Um seinen dünnen Hals hatte er ein
Tuch gewickelt, das er immer wieder auf- und ab bewegte und das
ihm eine sehr vornehme Ausstrahlung verlieh.
„Ah, Parasol, komm her und stell dich dem Jungen vor!", begrüßte
Amanita freudig den dünnen Pilzherrn.
„Ah, bonjour kleiner Mann", wandte sich der vornehme Pilz mit
französischem Akzent an Marris. „Isch bin Parasol, in eurärr Sprasch
„Riesenschirmling" und du wirrst keinen anderen Pilz finden, därr so
schön schlank und gross ist wie isch und auch noch dazu einen so
ärrlischen, grossen Sonnen-ut at wie isch." Und während er dies
sagte, spielte er weiter mit seinem Halstuch, so dass es mal ziemlich
weit unten und dann wieder ganz oben war.
Marris fand den französischen Akzent lustig, und er war sich sehr
sicher, dass er die beiden, Parasol und Bovi, in seiner Welt
wiedererkennen würde.
Da klopfte es abermals und eine Pilzdame in einem krausen, weiß-
beigen Tüllkleid kam herein. Das Kleid bauschte sich derart hoch auf,

dass man die Dame leicht mit einem Blumenkohl hätte verwechseln können.

Marris musste unwillkürlich lachen. Auch die Dame lachte, was allerdings fast eher huhnmäßig klang, und sie begrüßte den Jungen freundlich.

„Crispa! Wie schön dich zu sehen!", rief Amanita erfreut. „Die Menschen deiner Sprache haben ihr den Namen „Krause Glucke" oder „Krause Henne" gegeben", erklärte er Marris.

„Offenbar haben mich Menschen immer wieder mit einem sitzenden Huhn verwechselt!", lachte Crispa. Marris lachte ebenfalls und er wusste schon jetzt, dass er bestimmt bei jedem Huhn an Crispa würde denken müssen.

„Nun möchte ich dir noch einen vierten Menschenfreund vorstellen", sagte Amanita zu Marris und herein kam einer, der aussah wie mehrere Pilzlinge auf einmal. Irritiert betrachtete Marris die Erscheinung und versuchte herauszufinden, ob es nun doch nur einer oder ganz viele waren.

„Ich grüße dich, Pleurotus!", sagte Amanita und mit einem Blick auf den verwirrten Marris fügte er hinzu: „Vielleicht solltest du ihm doch kurz zeigen, wie eine einzelne Frucht aussieht."

Pleurotus lachte und verwandelte sich in eine deutliche Pilzform. Sein Körper sah nun ganz gebogen aus, wie bei einer kurzen Pfeife oder als wäre er ein geschwungen geschriebenes, großes L. Das weißliche, in saubere Falten gelegte Gewand ging ihm bis zu den Füßen und auf dem Kopf trug er einen großen, muschelförmigen, graublauen Hut.

„Nun, du wunderst dich, warum ich mich dir zunächst anders gezeigt habe", sprach Pleurotus zu Marris. „Das habe ich gemacht, weil du meine Früchte immer zu mehreren finden wirst. Meine schiefe Gestalt erklärt sich dadurch, dass ich sie seitlich an toten oder sterbenden Bäumen, vorwiegend Buchen, wachsen lasse. Das Besondere an mir ist: Ich habe mich entschieden, den Lebewesen meine Fruchtkörper dann zu schenken, wenn es kaum andere Pilzfrüchte gibt, nämlich im Winter. Sobald die ersten Fröste da waren, kannst du sie finden. Dein Opa kennt meine Früchte bestimmt als Weihnachtsdelikatesse, frag ihn mal. Er wird mich unter dem Namen „Austernseitling" kennen."

„Ja, stimmt, letztes Jahr hat es an Weihnachten einen Kartoffelauflauf mit Pilzen gegeben, die Opa angeblich frisch geerntet hatte. Ich dachte, er hätte da geflunkert...", erzählte Marris.

„Allerdings möchte ich dich noch kurz warnen, Marris", sprach Amanita. „Pleurotus gehört nicht zu den Unverwechselbaren. Da gibt es Sarco, er sieht sehr ähnlich aus, doch sein Gewand ist nicht so lang und er hat immer etwas Gelbliches an den Füßen. Auch sein Gewand ist eher gelblich und sein Hut grünlich bis olivfarben. Und Sarco zählt eher zu den Ungenießbaren... Pleurotus ist also schon ein Lehrmeister für etwas fortgeschrittene Pilzsucher..."

„Ich werde erst mal mit den drei Unverwechselbaren üben!", versprach Marris. „Wenn ich Bovi, Parasol und Crispa sicher finde und ganz viel über sie gelernt habe, dann nehme ich mir die nächsten vor. Und dieses Jahr Weihnachten werde ich Opa begleiten, wenn er Pilze suchen geht und vielleicht begegnen wir uns dann ja wieder, Pleurotus!"

„Das würde mich sehr freuen!", antwortete der schiefe Pilzling.

„Gut und nun wird es Zeit für dich, in deine Welt zurückzukehren, Marris!", sagte Amanita.

So verabschiedete sich der Junge von den anderen Pilzlingen und machte sich mit Amanita und Muscari, der sich wieder zu ihnen gesellt hatte, auf den Heimweg. Wie er allerdings genau zurück in den Wald kam, und wann und wo sie abgeflogen waren, konnte Marris später nicht mehr sagen.

Er war einfach plötzlich wieder im Wald und hörte, wie sein Opa ihn rief. „Marris, Marris, oh Gott, was ist bloß passiert...!" Da schlug er die Augen auf und stellte fest, dass er auf dem Waldboden lag, genau an der Stelle, wo er sich für eine Pause hingesetzt hatte.

„Alles OK, Opa!", rief Marris fröhlich und setzte sich auf. „Ich hab bloß eine kleine Reise gemacht mit Amanita und Muscari in ihr Königreich! Es sieht so toll da aus...!" „Hast du von dem Fliegenpilz gegessen?", unterbrach ihn sein Opa erschrocken.

„Nein, der ist doch giftig, das weiß doch jedes Kind!", entrüstete sich

Marris. Er schaute auf die beiden Fliegenpilze neben sich, ein großer und ein kleiner, wie ein König mit seinem Sohn... Und an dem Mantel des großen fehlte ein Stückchen...

„Oh... ähm..., nein, es war ein Stück von seinem ECHTEN Mantel....!", versuchte Marris zu erklären.

An dem immer noch besorgten Blick seines Großvaters erkannte er, dass er ihm einen richtigen Beweis für seine Reise geben musste. Opa musste verstehen, dass Marris nicht einfach vom Fliegenpilz gegessen hatte, sondern eine Einladung vom Pilzkönig selbst bekommen hatte und mit diesem nach Pilzlandia geflogen war (so taufte er das Land kurzerhand), wo er viel über Pilzlinge gelernt hatte.

„Ehrlich, mir fehlt nichts. Ich war auf einer ... Lernreise!", versuchte Marris es erneut. „Und ich kenne jetzt drei von den Unverwechselbaren!!", fügte er triumphierend hinzu.

Sein Großvater zog die Augenbrauen hoch und schaute immer noch sehr zweifelnd.

„Erstens Bovi, den Riesenbovist, zweitens Parasol, den Riesenschirmling und drittens Crispa, die Krause Glucke!", zählte Marris stolz auf. Mit jedem Namen wandelte sich der Blick seines Opas mehr von Zweifel zu Erstaunen.

„Woher kennst du plötzlich diese Namen?", murmelte er kopfschüttelnd. „Komm Opa, lass uns schauen, ob wir sie finden!", rief Marris und sprang auf.

Sein Opa wunderte sich immer noch, aber Marris zeigte keinerlei Vergiftungssymptome, und so beschloss sein Großvater mit ihm weiterzugehen und ihn genauestens zu beobachten.

Also durchstreiften sie wieder gemeinsam den Wald und zum großen Erstaunen seines Opas fand Marris tatsächlich noch von jedem der Unverwechselbaren ein Exemplar, worauf sie mit einem gut gefüllten Korb nach Hause gingen.

Nach vielen weiteren Pilzgängen mit seinem Opa, durfte sich Marris schließlich auch am Heiligen Abend mit auf die Suche nach den Winterpilzen, den Austernseitlingen, machen, und das bescherte ihm tatsächlich ein Wiedersehen mit Pleurotus.

„Also die anderen zwei müssen wir dann auch noch suchen!", rief Kleiner Spatz fröhlich. „Und Weihnachten suchen wir Pleutorus. Oder wie hieß der noch mal?"

„Pleurotus!", berichtigte Flinkes Wiesel lachend. „Kennst du den denn überhaupt, Großvater?"„Ja, den kenne ich auch", antwortete Großvater lächelnd. „Ich denke, wir sollten es wie Marris machen: Zuerst mal versucht ihr noch die Krause Glucke und den Parasol zu finden und alles über sie und Bovi zu lernen. Denn allein das ist schon eine große Aufgabe."

„Gut, komm, Flinkes Wiesel, wir suchen sie!", rief Kleiner Spatz begeistert und sprang auf.

„Ne, warte mal!", erwiderte Flinkes Wiesel. „Weißt du denn überhaupt, WO wir suchen müssen? Vielleicht wächst der eine nur auf Wiesen, der andere nur am Wald, vielleicht nur an bestimmten Bäumen oder vielleicht passt das Wetter gar nicht und keine Ahnung, was sonst noch so alles sein könnte."

Kleiner Spatz war stehen geblieben. „Oh! Du hast recht! Das müssen wir irgendwie anders machen…" „Großvater, hast du ein Pilzbestimmungsbuch?", fragte Flinkes Wiesel.

„Ja, das hab ich", antwortete Großvater. „Und das ist eine gute Idee, da erst mal einen Blick reinzuwerfen. Außerdem würde ich vorschlagen, dass wir uns heute nur den Riesenbovist vornehmen. Denn den haben wir hier ja jetzt schon liegen. Und wenn ihr ein bisschen darüber gelesen habt, dann bereiten wir ihn gemeinsam zu. Wie wäre das?"

Den Kindern gefiel der Vorschlag ihres Großvaters gut, und als sie schließlich gemeinsam ein köstliches Pilzgericht kochten, verrieten Flinkes Wiesel und Kleiner Spatz dann doch noch, dass sie den weißen Pilz zunächst ganz indianermäßig angeschlichen hatten, worüber auch ihre Großeltern herzlich lachen mussten.

10

Der goldene Oktober machte an diesem Wochenende seinem Namen alle Ehre! Es war erstaunlich mild und ein fröhlicher Wind pustete die bunten Blätter hin und her, auf und nieder, als würde er mit ihnen Fangen spielen.

Großmutter ging in den Garten, wo ihre Enkelinnen Früchte, Gemüse, Ähren, Blätter und Blüten zu einem Ernte-Mandala legen wollten, wie es sonst die Großeltern immer getan hatten. Sophia lief ihr entgegen und lachte: „Das geht dieses Mal überhaupt nicht! Immer, wenn ich ein Blatt gerade schön hingelegt habe, kommt der Wind und macht „Fuuhhh...!" und weg ist das Blatt!" Großmutter legte lächelnd den Arm um das Mädchen und ging mit ihr weiter: „Dann wollen wir mal schauen, ob wir den Wind irgendwie austricksen können!"

An diesem Wochenende waren nicht nur Sophia und Daniel bei ihren Großeltern, sondern auch noch Jannis und Lara, die Kinder von Mamas Schwester. Jannis war zehn Jahre alt und lag damit altersmäßig genau zwischen Daniel und Sophia. Lara dagegen war erst sechs. Natürlich hatten auch sie sich einen Indianernamen ausgedacht, und so hieß Jannis nun „Lustiger Löwe" (wegen seiner goldblonden Lockenpracht) und Lara „Bunter Schmetterling", denn sie war zart wie einer und liebte es, sich bunt zu kleiden.

Daniels Aufgabe war es, das Feuer zu entzünden und in Gang zu halten. Er fühlte sich sehr geehrt und schon richtig erwachsen, vor allem, weil er seinem jüngeren Cousin, der überhaupt keine Ahnung davon hatte, alles erklären konnte.

Mit ein paar Tricks von Großmutter hatten die Mädchen schon bald das Mandala fertig. Auch das Feuer knisterte bereits gemütlich, als Großvater mit einem großen Topf aus dem Haus kam, den er dann über dem Feuer befestigte.

Schließlich setzten sich alle rings um die munter zuckenden Flammen und Großmutter ergriff das Wort: „So, nun sitzen wir alle beisammen, das Feuer brennt, wir haben aus der Ernte des Jahres ein wunderschönes Mandala gelegt und Großvater hat uns ein leckeres Essen gekocht. Also ist alles bereit, so dass wir ein schönes Fest feiern können."

„Großmutter, warum feiert man eigentlich „Ernte-Dank"?", fragte Bunter Schmetterling.

„Weil es wichtig ist, sich bei denen zu bedanken, von denen man *etwas erhalten hat. In diesem Fall also bedanken wir uns bei allen Pflanzen und Tieren, die gestorben sind, so dass wir etwas zu essen hatten und haben. Und dann hat das Danken noch einen anderen guten Nebeneffekt: Dadurch, dass wir uns für die Fülle bedanken, holen wir mehr davon in unser Leben. Ich erzähle euch am besten mal eine Geschichte dazu, dann versteht ihr das sicherlich ganz gut! Es ist eine weitere von Marris, dem Jungen, der von Amanita, dem König der Pilzlinge, einiges über Pilze gelernt hat." Die Kinder strahlten und rückten ein bisschen näher an Großmutter heran, um ja nichts von der Geschichte zu verpassen. Und so begann Großmutter zu erzählen:*

(Danken)

Die schon tieferstehende Oktobersonne tauchte den Herbstwald in rotgoldene Farben, besonders hier, in diesem Buchenwald. Marris stand gedankenverloren zwischen den dicken grauen Buchenstämmen, die irgendwie wie riesige Elefantenbeine aussahen. Plötzlich sprang direkt vor seinen Füßen eine Maus aus dem dichten Laub und eilte geschäftig am Boden schnüffelnd durch die raschelnden Blätter davon. Marris hatte sich riesig erschrocken, weil er gerade so sehr mit den Gedanken woanders gewesen war. Die Maus war längst entschwunden, aber noch immer hämmerte sein Herz ein lautes „Pock, Pock...Pock, Pock.." in seiner Brust.

„Puh! Wie gut, dass es nur eine Maus gewesen ist", dachte Marris. Er versuchte bewusst, ruhig zu atmen und sich wieder auf das zu konzentrieren, weswegen er hergekommen war.

Seine Mutter hatte ihn losgeschickt, Pilze zu sammeln. „Toll, ich bin doch nicht Rotkäppchen!", hatte er sich beschwert, als sie ihm den Korb überreicht hatte, aber seine Mutter hatte nur gelacht und gemeint: „Ich schicke dich ja auch nicht zu deiner Großmutter, sondern zum Pilzesammeln. Du kennst dich wunderbar damit aus, so dass ich dir vertrauen kann, dass du uns eine gute Mahlzeit nach Hause bringen wirst. Nun geh schon!"

Obwohl Marris immer noch keine Lust gehabt hatte, hatte er sich aber über das Kompliment seiner Mutter auch gefreut! Und sie hatte recht: Er kannte sich sehr gut mit Pilzen aus, das hatte er von seinem Opa gelernt, mit dem er schon oft zum Sammeln losgezogen war.

Und auch von den Pilzen selbst, aber das ist eine andere Geschichte.

So war er also mit seinem Pilzkorb in diesem Buchenwald gelandet, als ihn das faszinierende Licht für kurze Zeit in eine andere Welt getragen hatte.

Doch die Maus hatte ihn zurückgeholt und so ging er langsam weiter. Irgendwie schien es ihm, als gäbe es heute ja überhaupt nicht viele Pilze.

Während er so dahinschlenderte und etwas lustlos mal links, mal rechts den Boden absuchte, bemerkte er plötzlich ein Eichhörnchen, das ebenfalls im Wald so dahinhuschte und mal hier, mal dort herumscharrte. Als Marris näher kam, blieb es stehen und schaute ihn an.

„Hi, auch auf der Suche?", fragte das Eichhörnchen Marris. „Ja, ich suche Pilze. Und du?" „Bucheckern, Nüsse, Fichtenzapfen... Eigentlich wollte ich noch ein paar Vorräte für den Winter anlegen, aber dann denke ich, ich sollte auch einfach essen, was gerade da ist... Ich heiße übrigens Tom. Und du?"

„Ich heiße Marris", antwortete dieser. „Sag mal, wie findest du eigentlich die Nüsse, die du versteckt hast, im Winter wieder?"

„Ach, ich rieche sie, das ist gar nicht so schwer. Aber ich dachte mir, es wäre vielleicht trotzdem klug, ich mach mir irgendwie einen Plan, worauf ich die Verstecke vermerke. Das machen Menschen doch auch immer. Vielleicht bekomme ich ja mal einen Schnupfen und kann nichts mehr riechen, und so besonders viele Nüsse gibt es dieses Jahr ja auch nicht. Jedenfalls hab ich noch nicht viele gefunden. Folglich kann ich gar nicht so viele Verstecke anlegen. Und dann steh ich also vielleicht plötzlich da mit einer Erkältung und muss auch noch hungern... Was denkst du, was ich tun soll?", fragte Tom, der hoffte, endlich jemanden gefunden zu haben, der ihm bei seinen Überlegungen behilflich sein würde. Meistens hatten andere ja viel bessere Ideen als er.

„Hm, einen Plan machen find ich nicht schlecht", überlegte Marris. „Allerdings: Worauf willst du ihn malen? Auf den Boden geht nicht, ein Regen und alles ist weg. In einen Stein ritzen? Wenn Eis und Schnee darauf liegen, sieht man ihn auch nicht mehr. Hm... Du könntest ihn in ein Stück Rinde einritzen und das mit in deinen Kobel legen. Wie wäre das?" Marris fühlte sich sehr geehrt, dass das Eichhörnchen von ihm einen Rat wollte.

„Rinde... ja... hm..., das könnte gehen...", grübelte Tom. „Gut, da könnt ich drüber nachdenken, ja... hm... Oder doch vielleicht erst mal was essen, hm..." Mit diesen Worten huschte das Eichhörnchen gedankenverloren davon und ließ Marris einfach stehen.

„Also ein Dankeschön wäre ja auch nett gewesen", grummelte Marris vor sich hin und machte sich missmutig weiter auf den Weg. Er überlegte, was er dem Eichhörnchen vielleicht alles hätte hinterher rufen sollen, wie er es hätte zur Rede stellen sollen, wieso er überhaupt mit ihm geredet hatte und und und...

So ging er eine ganze Zeit schwer grübelnd dahin, doch Pilze fand er währenddessen überhaupt gar keine. Auch das ärgerte ihn, als er es bemerkte. Was für ein blöder Tag!

Nach einer Weile sah er wieder ein Eichhörnchen. Es war ein anderes, das da hin- und herhuschte, hocken blieb, scharrte, etwas ablegte und wieder zuscharrte, um gleich darauf weiterzuhuschen. Und die ganze Zeit über machte es so murmelnde Geräusche wie jemand, der ständig leise etwas vor sich hinsagt.

Marris war stehen geblieben und beobachtete das Eichhörnchen, das schließlich direkt vor seine Füße lief.

Überrascht schaute es auf und strahlte Marris gleich im nächsten Moment an: „Hallo junger Mann! Danke für diese glückliche Fügung unserer Begegnung! Das bedeutet sicher etwas Gutes! Wenn ich mich vorstellen darf: Mein Name ist Edwin, aber sag einfach „Winni" zu mir, das klingt irgendwie fröhlicher..." Winni hielt Marris sein Pfötchen entgegen.

Ziemlich irritiert bückte sich Marris, nahm das Pfötchen vorsichtig in seine, im Vergleich dazu, große Hand und schüttelte es ganz leicht.

„Ähm, ich bin Marris...", sagte er zögerlich.

„Marris, was für ein schöner Name! Das war aber nett von deinen Eltern, dich so zu nennen!", begeisterte sich Winni. Darüber hatte Marris ja noch nie nachgedacht...

So langsam fasste er sich wieder und fragte schließlich: „Sag mal, hast du da gerade die ganze Zeit vor dich hingeplappert oder geschmatzt, oder was waren das für Geräusche, die du gemacht hast?"

Winni strahlte: „Das hast du bemerkt? Wunderbar, was für ein aufmerksamer Junge du bist! Ganz erstaunlich und schön! Danke, dass ich dir begegnet bin!", ergoss sich sein Redeschwall erneut über Marris. „Die Geräusche? Ja, du hast richtig vermutet, ich rede. Ich sage jeder Nuss, jeder Buchecker, jeder Eichel, jedem Zapfen und was ich sonst noch so finde: „Danke, dass du da bist!" oder „Danke für die Fülle, die mich umgibt!". Weißt du, dass es dieses Jahr eine Riesenmenge an Nüssen, Zapfen, Bucheckern und ähnliches gibt? Das ist echt der Hammer! Mir geht es soooo gut! Es ist soooo viel für mich da!"

„Oh, Mannomann!", rief Marris aus. „Und Worte hast du wie ich Legosteine in meiner Legokiste!"

Winni lachte laut auf: „Oh ja, Worte habe ich auch sehr viele! Und danke, dass du sie dir anhörst!"

„Bitte, gern geschehen", antwortete Marris immer noch ziemlich verwirrt. „Aber warum sagst du jeder Nuss, Buchecker und so weiter „Danke"? Das macht doch gar keinen Sinn!"

„Oh doch, natürlich macht das Sinn!", rief Winni fröhlich und einen Hauch erstaunt. „Tust du das etwa nicht?"

Marris starrte in seinen Korb auf die drei Pilze, die er bisher gefunden hatte. „Ähm..., nö..., mach ich nicht. Ich wüsste auch echt nicht, wieso ich das tun sollte. Außerdem gibt es heute eh nicht viele. Sei froh, dass du keine frisst."

„Aber natürlich esse ich auch Pilze!", begeisterte sich Winni erneut. „Ich liebe sie und ich habe heute schon an so vielen genascht und so viele unberührt stehen gelassen! Du meinst es gibt wenige? Oh nein, es sind wirklich viele! Schau, dort steht schon wieder einer..."

Und mit diesen Worten huschte Winni ein paar Meter nach vorn: „Danke, du wunderschöner Pilz! Eine Braunkappe bist du, welch ein Glück für meinen Menschenfreund! Komm her, Marris!"

Marris konnte es nicht fassen, dass dieses Eichhörnchen so nebenbei einen Pilz entdeckt hatte, der ihm trotz seines Pilzkennerblickes noch gar nicht aufgefallen war. Er ging zügig zu Winni und drehte den Pilz vorsichtig heraus.

„Und?", fragte Winni.

„Und was?", fragte Marris zurück.

„Wo bleibt dein „Danke"?

„Oh! OK...., äh..., „Danke... Braunkappe...", sagte Marris etwas unbeholfen. „Ja! Toll, das ist es!", ereiferte sich Winni. „Weißt du, wenn du dich bedankst, dann lenkst du deine Aufmerksamkeit auf das, was du haben möchtest oder in deinem Leben sehen und erleben möchtest. Und je intensiver deine Aufmerksamkeit auf etwas gerichtet ist, umso mehr wird davon in deinem Leben auftauchen. Es ist dann so, als reagierten deine Augen plötzlich irgendwie magnetisch auf z.B. Pilze und du kannst gar nicht anders, als sie überall zu entdecken... Und da ist auch schon wieder einer!", fügte Winni noch hinzu und machte einen Satz zu dem nächsten Pilz.

So richtig hatte Marris das Ganze noch nicht verstanden, was Winni ihm da erzählt hatte, aber es erstaunte ihn doch sehr, dass das Eichhörnchen schon wieder einen Pilz entdeckt hatte, den er eigentlich selbst hätte sehen müssen. Er drehte ihn vorsichtig heraus und sagte: „Danke Braunkappe 2, dass wir dich gefunden haben!" Marris schaute Winni fragend an und dieser lobte ihn gleich wieder: „Ja, genauso! Und da haben wir auch schon Nummer drei..."

Marris nahm auch den dritten Pilz, bedankte sich und ließ schnell seinen geschulten Pilzblick über den Boden gleiten, um den nächsten Pilz vor Winni zu entdecken. Und so sah er den vierten, dann den fünften, den sechsten usw.

Winni und Marris machten sich eine ganze Weile einen Spaß daraus, sich beim Pilze-Entdecken und Bedanken zu übertrumpfen.

So dauerte es gar nicht allzu lange, da hatte Marris seinen Korb voll.

„Hey, Winni! Mein Korb ist voll! Für heute habe ich genügend Pilze!" Winni huschte herbei und begutachtete die Ernte. „Ja, du hast recht. Das sind wirklich viele Pilze! Zeit, dass du nach Hause zurückkehrst. Danke, für den schönen Nachmittag. Und ich freue mich schon jetzt, dich bald wiederzusehen!" Mit diesen Worten hielt Winni Marris wieder sein Pfötchen entgegen. Marris schlug ein und bedankte sich seinerseits bei dem Eichhörnchen: „Danke, Winni! Ich hab heute echt viele Pilze gefunden! Und in meinem Kopf ist so viel Neues wie ... Gedankenpilze, die plötzlich alle aus meinem Gehirnboden geschossen sind. Ich hoffe sehr, dass wir uns wiedersehen!"

Winni lachte und im Davonhuschen rief er: „Werden wir, werden wir ganz bestimmt!"

Marris ging zügig zurück nach Hause. Er hatte das Gefühl, als würden immer noch mehr Gedankenpilze in seinem Kopf sprießen. Und egal, ob er das raschelnde Laub unter seinen Füßen hörte, die goldenen Strahlen der Sonne betrachtete, einen Vogel singen hörte, er hatte sofort ein „Danke" auf den Lippen, wie er es den Nachmittag über mit Winni immer wieder und wieder gesagt hatte.

Zu Hause angekommen, sah er seine Mutter, wie sie auf einer Leiter stehend Äpfel pflückte und leise dabei sang. Er stellte den Korb mit den Pilzen ab, und als sein Blick auf die vielen Fruchtkörper fiel, erinnerte er sich wieder an seinen Besuch in Pilzlandia. Die Pilze, die man im Wald erntete, waren nur ein winziger Teil von den riesigen, meist unsichtbaren Lebewesen. Es waren ihre Fruchtkörper, so wie der Apfel die Frucht des Apfelbaumes war. Wie hatte er das nur vergessen können? Jetzt war er echt froh, dass Winni ihn dazu gebracht hatte, sich bei den Pilzen zu bedanken.

Nach dieser Erinnerung drehte sich Marris um, ging zu seiner Mutter hinüber und sagte: „Ich möchte dir helfen und auch Äpfel pflücken!"

„Ach, ich glaub, es sind nicht so viele dieses Jahr, das schaff ich schon, Marris. Aber danke für dein Angebot", antwortete seine Mutter.

„Nein, ich glaube, es sind sehr, sehr viele. Ich helfe dir und heute Abend, da lass uns dann ein bisschen feiern. Ein kleines Fest machen, weil wir so viel geerntet haben, sozusagen ein „Ernte-Dank-Fest"."

Mit diesen Worten holte er sich den Apfelpflücker und nahm sich den nächsten Baum vor. Und bei jedem Apfel sagte er leise „Danke", als wäre Winni noch bei ihm.

Seine Mutter ließ ihn erstaunt gewähren und pflückte singend weiter. Und wie Marris nebenbei bemerkte, handelten viele ihrer Lieder von der guten Ernte, vom Dank und Glück.

Sie wurden erst fertig, als die Sonne gerade am Horizont abtauchte, und Marris' Mutter staunte, wie viele Äpfel es doch geworden waren: „Du meine Güte! Das hätte ich ja nie alleine heute geschafft! Danke Marris, das war wirklich lieb von dir, mir zu helfen!"

So gingen sie ins Haus, wuschen sich und bereiteten dann eine richtig leckere Mahlzeit aus Pilzen, Eiern, Kartoffeln und frischem Apfelmus als Nachtisch, die sie gemeinsam mit Marris' Vater aßen, als dieser von der Arbeit nach Hause kam.

Und als sie schließlich alle drei gemütlich bei einem Tee vor dem Kamin saßen, erzählte Marris den Eltern noch von seinen interessanten Erlebnissen mit der Maus und den beiden Eichhörnchen, bis ihm vor Müdigkeit die Augen zufielen.

„Cool! Das muss ich mal in der Schule ausprobieren!", meinte Flinkes Wiesel grinsend. „Wenn ich mich also bei jeder guten Note bedanke und schlechte einfach nicht beachte, dann müssten ja bald nur noch gute Noten sprießen, oder?"

Alle lachten und Großvater antwortete: „Ja, das ist eine gute Idee, die du ausprobieren solltest. Und sie wird funktionieren! Aber nicht einfach, weil sich die Noten „Abrakadabra" verwandeln. Die Pilze sind ja auch nicht von alleine in Marris' Korb erschienen, er musste schon seine Aufmerksamkeit auf sie lenken (was er durch das Danken erreicht hat) und handeln, nämlich sie ernten. Und auf jeden Fall sollte man auch noch an die magischen Zutaten für Erfolg denken: An die Freude und den Spaß!"

Flinkes Wiesel dachte eine Weile nach. Dann sagte er: „Und bis jetzt war es so: Kaum war eine schlechte Note da, bin ich voll frustriert gewesen und habe gedacht, hoffentlich kommen nicht noch mehr. Und dann hat Lernen überhaupt keinen Spaß gemacht, sondern ich hab es nur gemacht, weil ich Angst vor weiteren schlechten Noten hatte. Und weil immer alle gesagt haben, wenn ich nicht lerne, werde ich bestimmt eine fünf schreiben. Das war im Prinzip irgendwie alles wie „Danke"-Sagen, bloß genau zu den Dingen, die ich gar nicht haben wollte. Und prompt sind mehr schlechte Noten aus dem „Schulboden" gewachsen... Das werde ich jetzt echt mal ganz

bewusst ändern...“
„Da hast du etwas richtig Großes verstanden, Daniel“, sagte Großmutter voller Anerkennung. Flinkes Wiesel wurde ganz verlegen, stand schnell auf und legte etwas Holz nach, damit niemand seine Verlegenheit bemerken konnte. Doch dann drehte er sich plötzlich zu Großmutter um und sagte mit fester Stimme: „Danke! Danke für das Kompliment!“ Denn auch davon wollte er in Zukunft mehr in seinem Leben haben!

11

Der Tag vor Allerheiligen fiel dieses Jahr auf einen Samstag, so dass Sophia und Daniel Halloween nicht zu Hause, sondern bei ihren Großeltern auf dem Land feiern würden. Wie bei so vielen Dingen hatten die Großeltern jedoch eine ganz andere Vorstellung von dem Fest als ihre Enkel: Keine Verkleidungen, keine hässlichen Kürbisfratzen, kein Umzug zu den Nachbarhäusern, um mit dem Spruch: „Süßes oder Saures“ Süßigkeiten zu bekommen.
Im letzten Jahr waren Sophia und Daniel mit ihren Freunden und den Nachbarskindern umhergezogen. Natürlich getrennt, denn wenn Daniel mit seinen Kumpels unterwegs war, konnte er seine kleine Schwester nicht gebrauchen. Das wäre ja voll peinlich gewesen.
Allerdings hatte ihm der Umzug nicht so wirklich Spaß gemacht, denn zwei von den älteren Jungs hatten bei einer alten Frau, die die Tür nicht geöffnet hatte, sämtliche Blumentöpfe zerschlagen. Sie hatten sich halb totgelacht, als Daniel gesagt hatte, dass sie damit aufhören sollten. Zum Glück waren seine Freunde ebenfalls seiner Meinung gewesen und so hatten sie sich von den Randalierern getrennt. Daniel hatte später oft überlegt, wie es wohl gelaufen wäre, wenn seine Freunde sich auf die Seite der Randalierer geschlagen hätten. Hätten sie ihn dann vielleicht verprügelt? Oder wäre er danach in der Schule als Spaßverderber und das totale Weichei abgestempelt worden? Warum fanden das überhaupt einige Jungs lustig, anderen Leuten Schaden zuzufügen? Viele Fragen, auf die er noch keine wirklichen Antworten gefunden hatte.

So war er froh, dieses Mal gar nicht mit den anderen losziehen zu müssen. Hier bei den Großeltern war es friedlich und gemütlich. Allerdings waren Sophia und Daniel dieses Mal nicht allein bei ihren Großeltern. Daniel hatte seinen besten Freund Michael dabei und Sophia ihre beste Freundin Marie. Außerdem waren auch noch Jannis und Lara, die anderen Enkel der Großeltern, mit dabei.

Als alle am Morgen zusammen beim Frühstück saßen, fragte die sechsjährige Lara: „Machen wir das wieder mit den Indianernamen, Großmutter?"

„Natürlich!", antwortete Sophia. „Marie hat sich extra schon zu Hause einen Namen überlegt!"

„Genau! Ich heiße nämlich ab jetzt „Lesende Nachtigall", weil ich immer noch heimlich lese, wenn ich eigentlich schon schlafen sollte!", erklärte Marie stolz.

Daniel warf einen leicht besorgten Blick auf Michael. Sie kannten sich schon seit der Grundschule, und so wusste Michi von Daniels Wochenenden bei den Großeltern und auch von der Sache mit den Indianernamen. Aber sie waren ja inzwischen zwölf Jahre alt. Würde Michi das jetzt auch noch gut finden und mitmachen?

Doch Daniels Besorgnis war völlig unbegründet. Michi strahlte, als Marie ihren Namen erklärte, und sagte, kaum dass sie geendet hatte: „Also ich hab mich für „Neugieriger Hase" entschieden, weil ich genauso neugierig bin wie mein Hase, der überall hinhoppelt und alles genauestens untersuchen muss! Genau wie ich! Ich will auch immer wissen, wie was geht oder warum was wie ist."

Großvater lächelte: „Das ist gut! Dann haben wir jetzt also den Neugierigen Hasen, das Flinke Wiesel, den Kleinen Spatz, die Lesende Nachtigall, den Lustigen Löwen und den Bunten Schmetterling! Das ist ja richtig schön durchgemischt wie in der Natur draußen!"

„Ähm, Herr... Wie heißen deine Großeltern noch mal mit Nachnamen?", wandte sich Neugieriger Hase an Flinkes Wiesel.

„Ich würde vorschlagen, dass auch der Neugierige Hase und die Lesende Nachtigall „Großvater" und „Großmutter" zu uns sagen", schlug Großmutter vor, ehe Flinkes Wiesel antworten konnte.

„Perfekt!", rief Neugieriger Hase aus. „Genau das wollte ich Sie

gerade fragen!"

„Und dann wollte ich noch wissen, wie wir denn heute Abend Halloween feiern, wenn wir uns gar nicht verkleiden und rumziehen", meinte Neugieriger Hase weiter.

Da mussten alle lachen, weil der Neugierige Hase wirklich sehr neugierig zu sein schien, und er selber lachte fröhlich mit.

„Gut, dann wollen wir mal zusehen, dass wir deine Neugierde ein wenig befriedigen. Wir werden das Fest heute Abend in Anlehnung an eine alte, vorchristliche Tradition feiern", begann Großmutter zu erklären.

„Und wer war vor den Christen hier?", fragte Neugieriger Hase.

„Das waren die Kelten und Germanen", antwortete Lesende Nachtigall, bevor die Großeltern antworten konnten. „Das habe ich mal gelesen", setze sie noch stolz hinzu.

Wieder lachten alle, weil auch Lesende Nachtigall anscheinend einen wirklich treffenden Namen gewählt hatte.

„Ja, genau!", fuhr Großmutter fort zu erklären. „Natürlich gibt es verschiedene Geschichten dazu, wie die Kelten und Germanen gelebt haben, was ihnen heilig war und wie sie ihre Feste gefeiert haben. Und es ist nicht so, dass das, was im Internet, z.B. bei Wikipedia, steht, DIE richtige Version ist. Auch wenn heutzutage das Internet gerne als so allwissend dargestellt wird, wird es dennoch nur von Menschen geschrieben, die genauso wie die frühen Geschichtsschreiber, immer eine bestimmte Absicht haben, warum sie etwas so schreiben, wie sie es schreiben und immer eine ganz eigene Sicht auf die Dinge haben. Eure Schulbücher werden übrigens auch nur von Menschen geschrieben...", fügte sie augenzwinkernd hinzu, was die Kinder natürlich zum Lachen brachte.

„Da es also keinen Sinn macht, an Traditionen festzuhalten, von denen man nicht sicher weiß, ob es welche sind, haben wir versucht aus den vielen Geschichten das herauszufiltern, was überall ähnlich ist, um daraus ein eigenes Fest zu gestalten, das uns sinnvoll erscheint. Die Gemeinsamkeiten, die wir gefunden haben, sind das Datum, das Zusammentreffen der Familien, der Apfel, das Feuer und Rituale, bei denen man den Kontakt zu den Ahnen suchte."

„Wer sind denn die Ahnen?", fragte Bunter Schmetterling. „Die Ahnen oder Vorfahren sind alle die aus deiner Familie, die vor dir gelebt haben, also angefangen von Mutter und Vater, Omas und Opas, Uromas und Uropas, aber auch Tanten und Onkel", erklärte ihr Großmutter.

„Gut. Und was machen wir dann heute genau?", fragte Neugieriger Hase. „Ich sehe schon, es ist besser, ich sag euch einfach den Ablauf und wir reden vielleicht danach noch mal darüber, warum wir es so gemacht haben", beschloss Großmutter. Die Kinder nickten eifrig. Großmutter dachte kurz nach und sagte dann: „Nein, ich erzähle euch eine Geschichte..."

„Au ja!", jubelten alle Kinder gleichzeitig. „Gut, dann rüber mit euch ins Wohnzimmer!", lachte Großmutter und die Kinder stürzten los.

Als alle einen gemütlichen Platz gefunden hatten, begann Großmutter zu erzählen:

(Ahnenfest)

Es war bereits Nachmittag, als Britta in die hohe Eiche kletterte. Wenn man ziemlich weit hinaufstieg, konnte man ein Stück des Weges sehen, auf dem Dagny und Björn gehen würden. Britta war sehr aufgeregt, denn sie hatte ihre Zwillingsschwester nun seit einem Jahr nicht mehr gesehen. Sie hatten sich nur manchmal gegenseitig Boten geschickt, um einander wenigstens die wichtigsten Nachrichten mitzuteilen.

Doch zum Ahnenfest versammelte sich der ganze Stamm und auch die, die mehrere Tagesreisen entfernt wohnten, machten sich auf den Weg, um die Familienbande neu zu stärken und sich auszutauschen.

Britta hoffte, dass ihre Schwester früh losgegangen war, so dass es nicht mehr lange dauern würde, bis sie sich wiedersahen. Als Britta nahe des Baumwipfels war, konnte sie durch die dünnen Äste hindurch den Weg erkennen. Doch noch war er leer.

Sie setzte sich rittlings auf einen breiteren Ast und lehnte sich mit dem Rücken an den selbst hier oben noch dicken Stamm. Warten, das war etwas Schreckliches, fand Britta...

Sie ließ den Weg immer nur ganz kurz aus den Augen, um mal

hierhin und mal dorthin zu schauen, wenn sie Geräusche in ihrer Nähe hörte.

Da das Jahr schon fortgeschritten war, dauerte es nicht allzu lange, bis es dämmriger wurde. Britta wusste, dass sie nicht mehr lange dort oben sitzen bleiben konnte, denn im Stockfinsteren würde der Abstieg vom Baum nicht ganz ungefährlich sein. „Bitte, komm Dagny!", flehte sie leise, denn ihre Sehnsucht war riesengroß.

Und als hätte ihre Schwester das Bitten gehört, konnte Britta plötzlich Lichter den Weg heraufziehen sehen. Sie jubelte laut und beeilte sich, den Baum hinunterzuklettern. Und dann lief sie, so schnell sie konnte, ihrer Schwester entgegen. Sie hatte die Lichter noch gar nicht erreicht, als sie in der Dämmerung erkannte, dass jemand auf sie zugerannt kam.

„Dagny!" „Britta!" Die jungen Frauen fielen sich in die Arme und lachten und weinten gleichzeitig vor Glück. Als sie sich etwas beruhigt hatten, schlenderten sie Arm in Arm langsam weiter, so dass Björn und die Kinder, sein Bruder mit Familie und zwei weitere Familien sie leicht einholen konnten. Es war ein glückliches Wiedersehen und der Rest des Weges wurde lachend und schwatzend zurückgelegt.

Die nächsten Tage waren gefüllt mit Gesprächen, Besuchen und dem Vorbereiten des Ahnenfestes.

Am Morgen der Feierlichkeiten waren Britta und Dagny früh aufgestanden, um noch einige Apfelbrote und -kuchen zu backen. Dabei waren die Frauen endlich auch mal wieder nur unter sich.

„Heute Abend möchte ich beim Ritual mitmachen und durch die Schleier in die Nebelwelten gehen. Ich möchte mit Mama sprechen. Ich vermisse sie so sehr und möchte unbedingt wissen, wie ihr Bruno gefällt", gestand Britta ihrer Schwester.

Britta hatte sich noch nicht zur Hochzeit entschieden, obwohl sie schon eine Weile mit Bruno verlobt war. Ihr Vater ließ ihr die Zeit, die sie brauchte, um sich endgültig festzulegen, was Britta ihm hoch anrechnete.

„Wenn sich das für dich gut anfühlt, dann ist es dein Weg!", freute sich Dagny. „Und ich werde die Verbindung zu dir halten, damit du sicher und heil wieder aus den Nebeln zurückkehrst!"

Britta umarmte glücklich ihre Schwester. Es war so viel wert, jemanden zu haben, der einen einfach unterstützte und sich mit einem freute. Und es war etwas Besonderes, denn die meisten Menschen suchten sofort nach Hindernissen und Problemen oder überhäuften einen mit ihren eigenen Ängsten und Zweifeln, so dass man eher ausgebremst als unterstützt wurde.

Als die Dämmerung sich ausbreitete, trafen sich alle Familien am großen Feuer nahe des stillen Sees, um gemeinsam das Ritual des Ahnenfestes zu begehen, das später in einer großen Feier enden würde. Um das ganze Feuer herum waren Ruten mit Laternen in den Boden gesteckt und Körbe mit Äpfeln aufgestellt worden.

Die Priester begannen mit den Gesängen und alle Menschen stimmten nach und nach mit ein. Schließlich wurden die Trommeln geschlagen und ganz langsam fühlte Britta, wie sie in einen ruhigen und vollkommen entspannten Zustand glitt.

Nachdem einige der Priester sich aus den Körben einen Apfel genommen, aus dem Boden eine Rute mit Laterne gezogen hatten und in die Nebel gegangen waren, taten es ihnen weitere Frauen und Männer nach.

Auch Britta ging zum Feuer, nahm sich einen Apfel und eine Laterne und ging anschließend über einen der vielen Pfade auf die Schleierwand zu, die sich zwischen dem Feuer und dem See gebildet hatte.

Ohne Laterne wäre der Rückweg schwierig geworden, da es stockfinster war, denn das Ahnenfest wurde immer am Schwarzmond gefeiert. Britta ging langsam in die Nebel und dachte ganz stark an ihre Mutter. Sie wusste, dass in dieser Zeit die Schleier zur Anderswelt ganz dünn waren und auch die Verstorbenen versuchten, mit ihren lebenden Verwandten in Kontakt zu kommen.

Nachdem Britta ein Stück gegangen war, steckte sie ihre Laterne in den Boden und ging ein paar Schritte weiter, gerade nur so viele, dass sie den Schein der Laterne noch gut ausmachen konnte. Sie ging in die Hocke, holte ein Messer aus ihrem Umhängebeutel und schnitt den Apfel in fünf gleich große Stücke.

Dann malte sie mit dem Finger ein Pentagramm, einen fünfzackigen Stern, in den Boden und legte je ein Apfelstück an seine Spitzen, wobei sie murmelte: „Für die Geister der Luft, des Feuers, des Wassers und der Erde, auf dass ich durch die Nebel getragen werde. Und das fünfte Stück ist für Mama bestimmt, dass sie den Weg findet zu ihrem Kind." Nach diesem Spruch summte sie leise eine Melodie vor sich hin, die ihr gerade in den Sinn kam, während ihre Augen den Nebel zu durchdringen versuchten.

Nach einer unbestimmten Zeit hörte Britta plötzlich, wie jemand in dem Nebel vor ihr das gleiche Lied summte. „Mama!", rief Britta leise aus. Und da lichteten sich die Schleier zur Anderswelt und sie konnte ihre Mutter auf sich zukommen sehen...

Britta konnte später nicht sagen, wie lange sie sich mit ihrer Mutter unterhalten hatte. Irgendwann hatten sie sich voneinander verabschiedet, und während die Nebel ihre Mutter wieder umhüllten, kehrte Britta zu ihrer Laterne zurück, nahm sie und machte sich auf den Rückweg. Sie ging eine Zeitlang durch die Nebel, bis sie ein Licht vor sich ausmachen konnte. Doch das war noch nicht das große Feuer, sondern Dagny, die ihr mit einer Laterne in der Hand ein Stück entgegen gekommen war.

Britta umarmte glücklich ihre Schwester und gemeinsam gingen sie zum Feuer zurück. Als alle Priester, Männer und Frauen, die in die Nebel gegangen waren, sicher zurückgekehrt waren, wurde das Ritual mit einem letzten Lied beendet. Danach wurde ausgelassen bis tief in die Nacht gefeiert.

Und bevor die Zwillingsschwestern schließlich müde in ihre Betten fielen, erzählte Britta Dagny noch von ihrem Erlebnis in der Nebelwelt und verriet ihr, dass sie sich nun entschieden hatte, im nächsten Jahr Brunos Frau zu werden.

„Wow, und das machen wir auch heute? Wir gehen mit einem Apfel und einer Laterne in die Nebel? Ganz alleine, also jeder für sich? Und wo sind die Nebel? Und wer bleibt dann am Feuer und holt uns zurück, falls wir den Weg nicht mehr finden? Und..." „Halt, halt, halt, Neugieriger Hase!", rief Großmutter lachend aus. „So viele Fragen

kann ich ja gar nicht auf einmal beantworten!"
Neugieriger Hase und die anderen Kinder lachten auch.
„Dann will ich euch mal erklären, wie das heute abläuft", mischte sich nun Großvater ins Gespräch. „Eure Aufgabe für den Tag bis zur Dämmerung ist es, eine Laterne aus Aststückchen und trockenen Blättern zu bauen. Flinkes Wiesel und Kleiner Spatz haben an den letzten Wochenenden schon ganz viel gesammelt, so dass wir genügend Material haben.
Zu heute Abend: Wir werden ein Feuer machen, ein bisschen singen und jeder überlegt sich, mit welchem Verwandten oder guten Freund, der schon in der Anderswelt ist – der also schon gestorben ist – er heute in Kontakt treten möchte. Vielleicht habt ihr eine Frage oder ihr möchtet nur mal „Hallo" sagen und schauen, was der andere vielleicht mitzuteilen hat. Wenn wir dann alle bereit sind, ziehen wir mit unseren Laternen in Richtung See. Wenn übrigens jemand nicht mitgehen möchte, bleibt er mit Gerd am Feuer.
In dem Wald am See gibt es eine schöne Lichtung. Dort werden wir unsere Laternen in einem Kreis aufstellen, etwas singen und trommeln. Dann geht jeder für sich ein paar Meter nach außen in den Wald und setzt sich dort mit dem Rücken zu den Laternen an einen Baum. Jeder wird ein Pentagramm in den Waldboden malen und die Apfelstücke darauf verteilen, während er an denjenigen denkt, mit dem er kontakten will. Und dann werden wir eine Weile ganz still dasitzen, in das Dunkel schauen und uns für Botschaften aller Art öffnen.
Vielleicht habt ihr das Gefühl etwas zu hören, vielleicht kommt euch ein Bild in den Sinn, vielleicht wisst ihr plötzlich eine Antwort auf eine Frage, vielleicht seht ihr auch etwas oder jemanden...
Was genau geschieht, ist bei jedem vollkommen unterschiedlich. Vielleicht habt ihr auch das Gefühl, dass gar nichts passiert. Und manchmal kommen einem die Antworten erst später, zum Beispiel im Traum.
Es geht darum, einfach zu versuchen, sich für eine andere Welt zu öffnen. Und da ihr diese Welt noch nicht kennt, kann es sein, dass ihr sie beim ersten Mal gar nicht gleich erkennt. Aber lasst euch einfach

überraschen.

Irgendwann werde ich laut und schneller trommeln. Das ist dann das Zeichen, dass ihr euch verabschiedet, egal, ob ihr das Gefühl habt, dass da jemand ist oder nicht. Bedankt euch, sagt in Gedanken „Auf Wiedersehen" und kommt zu den Laternen zurück. Wenn alle wieder da sind, nimmt jeder seine Laterne und wir gehen leise singend zum Feuer zurück.

Ganz wichtig: Wir machen das alles schweigend, bis wir wieder am Feuer sind. Sobald wir mit den Laternen losziehen, werden wir nicht mehr reden, nur leise singen. Und das ist wirklich wichtig, damit wir die anderen mit unserem Geplapper nicht aus ihrer Erfahrung herausreißen. Wer sich das nicht zutraut, bleibt einfach am Feuer sitzen.

Bunter Schmetterling, du bist ja noch sehr jung, und wenn dir das Ganze nicht so geheuer ist, dann gehst du einfach mit Großmutter und machst alles mit ihr zusammen, allerdings ebenfalls schweigend.

So, jetzt lasst das alles erst mal sacken und wir reden später noch einmal darüber", beendete Großvater seine lange Erklärung.

Die Kinder saßen zunächst nur schweigend da. Sie hatten alle das Gefühl, dass dieser Abend viel spannender werden würde, als das Rumziehen von Haus zu Haus. Und man brauchte sich gar nicht zu verkleiden, damit es ein bisschen unheimlich werden würde.

Flinkes Wiesel und Neugieriger Hase schauten sich an. „Das wird klasse!", meinte Neugieriger Hase. „Ich krieg schon so ein ganz komisches Gefühl im Bauch!"

Flinkes Wiesel nickte: „Ich auch! Ich werd' versuchen, mit meinem anderen Opa zu kontakten. Der ist vor zwei Jahren gestorben. Mal sehen, ob er sich irgendwie bemerkbar macht…"

Auch die anderen Kinder fingen nun an, aufgeregt durcheinander zu plappern und sich zu überlegen, wen sie heute Abend treffen wollten.

Doch bevor es losgehen konnte, stand erst einmal noch Arbeit an: Nämlich das Bauen der Laternen aus Aststückchen und getrockneten Blättern, wofür die Kinder tatsächlich noch den ganzen Tag brauchten, weil sie alle richtig schöne Lichtträger anfertigen wollten.

Großvater hatte gerade erst das Julfeuer angezündet, als Großmutter mit den Enkeln aus dem Haus kam. Sophia und Daniel redeten gleichzeitig auf ihre Großmutter ein, weil jeder ihr von seiner Weihnachtsfeier in der Schule erzählen wollte. Großmutter lächelte ihren Mann an und meinte: „Also wenn du denkst, dass ich jetzt irgendwie Bescheid wüsste, was unsere Enkel heute erlebt haben, dann irrst du dich! Ich habe bisher noch so gut wie gar nichts verstanden...!"

„Jetzt sei doch mal still, Sophl, ICH hab angefangen zu erzählen!" „Ist ja gar nicht wahr, und Großmutter..., dann haben die aus der ersten Klasse das Weihnachtsstück..."

„Großmutter, jetzt hör doch wieder MIR zu!", *brüllte Flinkes Wiesel dazwischen, denn er war nun echt sauer, dass er seinen Bericht nicht weitererzählen konnte.*

Großmutter zuckte mit den Achseln, trat auf Großvater zu, stellte sich auf die Zehenspitzen und flüsterte ihm etwas ins Ohr, worauf dieser lächelte. Flinkes Wiesel und Kleiner Spatz hörten mitten im Satz auf zu reden und schauten die beiden forschend an. Tuschelnde Großeltern waren immer verdächtig, entweder kam jetzt eine Strafpredigt, eine schöne Überraschung oder auch nur Schweigen, das konnte man nicht so wirklich vorhersagen.

Großvater nahm seine magische Tasche (so nannten Sophia und Daniel sie, weil es immer wieder erstaunlich war, was sich darin alles befand) und holte ein seltsam gebogenes Stück Holz heraus. Es war vielleicht zwanzig Zentimeter lang und fast überall ungefähr daumendick. „Was ist das denn?", *fragte Kleiner Spatz etwas skeptisch.*

„Was denkt ihr?", *fragte Großvater zurück.*

„Das ist ein Stück von ..." „Ich glaub, es ist eine verholzte..." *Die beiden Kinder fingen schon wieder gleichzeitig an zu reden.*

„Mensch, Sophl, jetzt lass mich halt mal ausreden!", *rief Flinkes Wiesel aufgebracht.* „Du hast dich einfach vorgedrängelt, ICH hab Großvater gefragt, was das ist!", *verteidigte sich Kleiner Spatz.*

„So, und nun ist Schluss mit diesem Gebrülle und Gezanke!",

unterbrach Großmutter die Streiterei. „Ihr setzt euch jetzt beide hin und ich erzähle euch eine Geschichte zu Großvaters Wurzelstück."

Da schwiegen die beiden Kinder sofort, schauten sich heimlich grinsend an und waren sofort wieder ein Herz und eine Seele. Sie setzten sich brav neben ihre Großmutter, weil sie Geschichten einfach über alles liebten.

Während sich Großvater weiter um das Julfeuer kümmerte, begann Großmutter, die Wurzel in der Hand haltend, zu erzählen:

(Redestab)

Die Sonne tauchte gerade am Horizont in das dunkle Meer aus Bäumen, als Meinrad sich auf den Weg zum Thing machte, der großen Volksversammlung der Männer. Schon von weitem hörte er ihr Gejohle, was darauf schließen ließ, dass offensichtlich bereits viele reichlich vom Gerstensaft genossen hatten.

Meinrad wohnte nahe der Versammlungsstätte, so dass er es sich leisten konnte, erst später von zu Hause aufzubrechen. Viele der Stammesangehörigen hatten eine mehrtägige Anreise hinter sich, und endlich angekommen stand den meisten der Sinn nach einem kühlen Bier und einer anständigen Mahlzeit. Nur, dass es bei kaum jemandem bei einem Bier blieb, sondern viele Hörner geleert wurden. Infolgedessen wurden die Stimmen immer lauter und die Diskussionen immer heftiger, was oft in irgendwelchen Handgemengen und Raufereien endete.

‚Warum muss das bloß immer so verlaufen?', grübelte Meinrad. Er mochte diese Art von Treffen nicht, er war da irgendwie ein völlig untypischer Germane. Jedenfalls, wenn an den Geschichten und Gerüchten über die Germanen etwas Wahres dran ist. Ihm war es viel lieber, wenn alles harmonisch und ruhig zuging.

Da er glücklicherweise ein richtiger Hüne war, wurde Meinrad in der Regel nicht in die Streitereien der Männer mit hineingezogen. Man ließ ihn lieber in Ruhe und legte sich mit scheinbar leichteren Gegnern an.

Obwohl auch am ersten Tag eines Things schon über wichtige Dinge gesprochen wurde, waren die Trinkgelage eine Selbstverständlichkeit. Erst am zweiten Tag wurden Entscheidungen und

Urteile gefällt, in der Regel von dann nüchternen Männern. Vielleicht lag es an dem Kater, den viele von ihnen hatten, dass es auch an diesem zweiten Tag meistens irgendwie laut und unstimmig zuging.

Meinrad erreichte die Versammlungsstätte, die oben auf einem Hügel lag und bahnte sich einen Weg durch die Männer, was nicht so schwierig war, da ihm jeder lieber zügig aus dem Weg ging. Er steuerte auf einen noch freien Platz nahe der alten Linde zu. Der große Germane setzte sich, nahm schweigend seine Pfeife heraus, stopfte sie und begann schließlich kleine Rauchkringel in die Luft zu blasen.

Während er die Rauchkringelkunst geduldig verfeinerte, schwebte die Aufmerksamkeit seiner Ohren über die Gespräche der Männer hinweg, wie ein Schmetterling, der sich mal hier und mal dort niederlässt, um dann bald wieder weiterzufliegen. So bekam er die verschiedensten Diskussionen mit und bemerkte wieder einmal, dass viele Fehlschlüsse aufkamen, weil die Männer einander überhaupt nicht richtig zuhörten, und alle mehr oder weniger gleichzeitig redeten.

Nach einer angemessenen Zeit verließ Meinrad die Versammlung wieder, ohne mit irgendjemandem ein Wort gewechselt zu haben. Wären diese Sitzungen nicht für alle Männer verpflichtend, wäre er gar nicht erst dort hingegangen.

Langsam wurden die Stimmen leiser und die Geräusche der Nacht deutlicher. Meinrad atmete tief durch. Er genoss es, mit den Ohren zu sehen und sich im Geiste ein Bild von seiner Umgebung zu machen, um es schließlich wie einen Film vor seinem inneren Auge lebendig werden zu lassen.

Die Nacht war lau, und so beschloss Meinrad noch zum heiligen Hain zu gehen, um wieder einen klaren Kopf zu bekommen. Dort angekommen, setzte er sich unter eine schöne, alte Birke. Er schloss die Augen, um besser mit der geistigen Welt in Kontakt zu kommen und rief dann die Götter an.

Es dauerte nicht lange, da stand ein einäugiger Mann mittleren Alters vor ihm, eingehüllt in einen langen Mantel. Auf seinen Schultern saßen zwei Raben, die trotz des Vollmondes hier im Hain kaum auszumachen waren. „Meinrad, was tust du zu dieser späten Stunde im heiligen Hain?", fragte der Mann.

„Ruhe und klare Gedanken suchen", antwortete Meinrad. „Und die Götter anrufen und um Rat bitten. Beim Thing war es wie immer laut und chaotisch. Alle redeten gleichzeitig und keiner hat richtig hingehört. So gab es reichlich Missverständnisse, von denen viele in Raufereien endeten. Ich frage mich, warum das immer so sein muss und ob es nicht irgendeine Möglichkeit gibt, dass es anders läuft."

Der eine Rabe beugte seinen Kopf und sprach dem Mann leise etwas ins Ohr. „Gute Idee, mein Freund!", freute sich dieser und griff tief in seinen Mantel. Dann überreichte er Meinrad ein Stück von einem Haselzweig, das ungefähr so lang wie dessen Hand und so dick wie ein Finger war.

„Hm, und was soll ich damit tun?", fragte Meinrad sichtlich verwirrt. Der Einäugige lachte leise. „Nimm den Haselstab zur nächsten Versammlung mit. Dann werden dir sicher alle zuhören. Wenn du fertig geredet hast, gib ihn an deinen linken Nachbarn weiter. Nun soll der sagen, was er zu sagen hat und alle anderen werden mit ihrer ganzen Aufmerksamkeit bei ihm sein. So soll der Stab weiterwandern, bis alle Männer den anderen ihre Gedanken mitgeteilt haben. Auf diese Weise kann jeder sagen, was ihm wichtig ist und alle haben die Möglichkeit, es richtig mitzubekommen. Du wirst sehen, das wird eure Ratssitzungen sehr bereichern!"

Meinrad betrachtete den Zweig genauer, konnte sich jedoch nicht so recht vorstellen, dass das funktionieren würde. Aber als er wieder aufschaute, um dem Einäugigen mit den Raben seine Zweifel mitzuteilen, war dieser nirgendwo mehr zu sehen.

„Nun gut, so will ich es dann ausprobieren", murmelte Meinrad, steckte den Haselzweig unter seinen Umhang und ging zurück nach Hause.

Am nächsten Abend verließ er zeitig sein Haus und schlug den Weg zum Versammlungsplatz ein. Je näher er dem Hügel kam, desto lauter wurden die sich jetzt schon streitenden Stimmen. Meinrad holte den Haselzweig hervor, und während er weiterging, warf er ihn nachdenklich von einer Hand in die andere.

Plötzlich bemerkte er, dass der Haselzweig schwerer wurde und es schien ihm auch, als würde er größer werden. Da zögerte Meinrad, blieb schließlich stehen und überlegte, ob er umkehren und den Zweig irgendwo verstecken sollte.

„Dann hätte ich aber auch genauso gut nicht um Hilfe bitten können", sprach er schließlich zu sich selbst und entschied damit, dem Rabenmann zu vertrauen. Er setzte also seinen Weg fort, und als er schließlich bei der Versammlungsstätte ankam, war der Zweig schon fast zu einem Elefantenbein angewachsen und er wuchs noch weiter.

Meinrad ließ den heiligen „Zweig" immer noch von einer Hand in die andere hinüberwechseln, was allen Anwesenden seine außergewöhnliche Kraft überdeutlich sichtbar machte, denn wer von ihnen konnte schon einen Baumstamm – denn so sah der Zweig inzwischen aus – einfach so locker hin- und herwerfen?! Die Männer sprangen erschrocken zur Seite und schienen auf der Stelle ihre Stimmen verloren und ihre Gesprächspartner vergessen zu haben.

Als Meinrad an seinem Platz bei der Linde angelangt war, waren alle mucksmäuschenstill und keiner wagte es, diese Stille zu brechen. Die sonst doch so starken und lauten Männer schauten Meinrad nur unsicher an.

Er setzte sich und legte das Geschenk des Gottes quer über seine Oberschenkel. „Ähm..., nun...", räusperte er sich unsicher.

„Also...", begann er erneut, „...dieser Haselstab... Baumstamm ist ein Geschenk..., ein Geschenk Odins. Ich bin angewiesen worden, ihn heute mitzubringen, damit wir in Ruhe miteinander reden können."

Er ließ seinen Blick kurz über die erschrocken dreinblickenden Männer kreisen.

Da das Geschenk des Einäugigen ja ursprünglich ganz anders ausgesehen hatte, war auch Meinrad leicht irritiert und stammelte zunächst mehr, als dass er flüssig redete.

„Das soll folgendermaßen ablaufen: Derjenige, der diesen Stab, ...ähm, dieses Holz, in den Händen hält, ...ähm, mit den Händen umfasst...., darf reden und alles sagen, was er sagen möchte. Die anderen Männer hören ihm nur aufmerksam zu. Sobald er fertig ist, gibt er den Stamm, äh... diesen Hasel..., Holz... an seinen linken Nachbarn weiter. Dann darf dieser reden und so geht es reihum weiter, bis alle das Holz..., äh, den Hasel...zweig...stamm gehabt und etwas gesagt haben. Damit haben wir endlich eine Chance, allen unsere Gedanken mitzuteilen und die Gedanken von allen anderen wirklich zu hören. So werden wir einander sicher besser verstehen..." Meinrad schaute in die Gesichter der Männer und glaubte, dass sie einigermaßen verstanden hatten, was er ihnen gesagt hatte.

„Gut, dann gebe ich ... den ... das Holz jetzt weiter." Mit diesen Worten übergab er den Baumstamm an seinen linken Nachbarn, der ihn nur mit Mühe entgegennehmen konnte, obwohl Meinrad das Gefühl hatte, als wäre der Stamm bereits wieder ein Stückchen geschrumpft.

Der Mann umklammerte etwas unbeholfen den Stamm und redete zunächst recht zaghaft, wurde dann aber immer kraftvoller, während alle anderen ihm aufmerksam zuhörten.

Als er alles gesagt hatte, was ihm auf der Seele gelegen hatte, gab auch er das Holz weiter.

Und tatsächlich wurde mit jedem Rednerwechsel der Baumstamm wieder ein bisschen kleiner, wodurch den Männern ganz klar wurde, dass hier ein gewichtiges Göttergeschenk die Runde machte. Daher wagte es auch keiner, die Regeln zu brechen und alle hörten dem jeweiligen Redner höflich und aufmerksam zu.

Schließlich erreichte das Holz, als es wieder bei Meinrad ankam, seine Ursprungsgröße.

Die Männer waren alle erstaunt darüber, wie gut sie sich fühlten, nachdem jeder mal ganz in Ruhe hatte sagen können, was er zu sagen gehabt hatte. Jeder war für eine selbstbestimmte Zeit im Mittelpunkt der Versammlung gewesen.

Meinrad ließ das Redeholz erneut kreisen und dann noch viele Male, so dass sich die Männer an diesem Abend, zu ihrem eigenen Erstaunen, erstmalig wirklich austauschten und zu sehr klugen Entscheidungen kamen.

Seit jenem Abend machte der Redestab, der von nun an seine Ursprungsgröße beibehielt, bei den Things immer wieder die Runde und sorgte damit für friedvolle, bereichernde Stunden und weise Beschlüsse.

Flinkes Wiesel und Kleiner Spatz schwiegen. „Und, hat euch die Geschichte gefallen?", fragte Großmutter und reichte das Redeholz an Flinkes Wiesel weiter, der links von ihr saß.
Während er die Wurzel entgegennahm, schaute er seine Großmutter etwas verlegen an. „Oh Mann, wir haben uns wohl wie betrunkene und streitende Germanen benommen... Tut mir leid... Hm, ich glaub, das ist echt ein tolles Ding, so ein Redeholz oder -stab. Gut, dass diese Wurzel nicht zu einem Baumstamm geworden ist! Das hätte mir doch Angst gemacht, glaube ich. Reden wir jetzt eigentlich nie wieder normal miteinander? Ich meine, ohne so einen Redestab?" Er schaute seine Großeltern fragend an und Großvater, der links von ihm saß, hielt ihm lächelnd die offene Hand hin, um das Redeholz in Empfang zu nehmen.
„Weißt du, Flinkes Wiesel, wenn wir immer einen Redestab benutzen müssten, wäre das ja ganz schön umständlich. Und wenn ich so zurückdenke, dann finde ich, dass es in der Regel doch auch sehr gut ohne gegangen ist.
So ein Redeholz ist einfach ein äußerst praktisches Hilfsmittel, vor allem auch in großen Runden, wenn man merkt, dass alle gerade gleichzeitig reden wollen und es schwerfällt, einander zuzuhören. Und deswegen werden wir es einfach nur dann einsetzen, wenn es uns nötig erscheint." Damit gab er das Redeholz an Kleinen Spatz weiter.
„Da bin ich aber froh, dass wir jetzt nicht immer nur damit reden müssen. Weil ich mir gar nicht alles so lange merken kann, was ich sagen will."
Die anderen drei lächelten und nickten ihr verständnisvoll zu. Kleiner Spatz schaute sie leicht irritiert an. „Und außerdem..., das ist ganz komisch, wenn gar keiner was zu dem sagt, was ich gerade sage und ihr alle nur nickt oder lächelt." Sie rückte näher an Großvater heran, schaute zu ihm hoch und sagte dann etwas

leiser: „Das ist irgendwie so... heilig...“

Da mussten alle lachen und Großmutter nahm Sophia die Wurzel aus der Hand, legte sie neben sich und meinte: „Gut, dann wollen wir wieder ein bisschen kreuz und quer reden, aber wenn es Streit gibt oder einer nicht angehört wird, nehmen wir den Redestab wieder her!“

Damit waren alle einverstanden und sie verbrachten einen sehr harmonischen Abend miteinander, an dem Flinkes Wiesel und Kleiner Spatz beide auch noch von ihren Weihnachtsfeiern in der Schule erzählen konnten.

Danksagung

Ich danke allen Lesern meines Buches „Knisternde Buchenzweige",
des ersten Bandes der Lagerfeuer-Geschichten, die mir so nette und
begeisterte Rückmeldungen gegeben haben, sowohl per E-Mail als
auch persönlich.

Ein herzliches Dankeschön geht an meine Mutter, Waltraud Puzio,
die, wie bei jedem meiner Buchprojekte, die Erste war, die meine
Geschichten gehört oder gelesen hat, und die mir in jeder Phase
dieses Projekts mit Wort und Tat zur Seite gestanden ist.

Ein besonderer Dank geht an meine beiden befellten Jungs, Lumpi
und Arel, für die ich während der Zeit des Schreibens und Gestaltens
oft viel zu wenig Zeit hatte, was sie des Öfteren laut miauend
beanstandet haben...

Und schließlich ein großes „Danke" an alle anderen Menschen, die
durch nettes Nachfragen, aufmunternde Worte, geduldiges Zuhören
und inspirierende Gedanken mich und mein Projekt unterstützt
haben!

Hannon le!

Literatur

📖 Brown, Tom Jr., *Tom Brown's Field Guid to Nature and Survival for Children,* Berkley Trade, 1989

📖 Bühring, Ursel, *Praxis-Lehrbuch der modernen Heilpflanzenkunde,* Sonntag-Verlag Stuttgart, 2005

📖 Danks, Fiona / Schofield, Jo, *Wildnis erleben,* AT-Verlag, 2009

📖 Dreyer, Eva Maria, *Wildkräuter und ihre giftigen Doppelgänger,* Franckh-Kosmos Verlags-GmbH & Co.KG, 2007

📖 Fischer-Rizzi, Susanne, *Medizin der Erde,* Wilhelm Heyne Verlag München, 4. Auflage 2002

📖 Fischer-Rizzi, Susanne, Botschaft an den Himmel, Wilhelm Heyne Verlag München, 3. Auflage 2002

📖 Gabriel, Vicky, *Naturpfade,*

📖 Gabriel, Vicky, *Wege zu den Göttern,*

📖 Gerhardt, Ewald, *Der große Pilzführer für unterwegs*, BLV-Verlagsgesellschaft mbH, 2. Auflage 2001

📖 Gminder, Andreas, *Unsere Pilze*, Franckh-Kosmos Verlags-GmbH, 2008

📖 Hahn, Christoph, *Naturführer, Pilze*, Mosaik-Verlag, 2001

📖 Michels, Bernhard, *Abendrot Schönwetterbot'*, BLV-Verlagsgesellschaft mbH, 2003

📖 Nyman, Ingemar / Lecareux Loic, *Das Outdoor-Handbuch,* Heel Verlag GmbH, 2005

📖 Puzio, Veronika, *Zauberhafte Wortgespinnste,* Books on Demand GmbH, Norderstedt, 2009

📖 Schmidt, Helmuth / Helfer, Wolfgang, *Pilze, Wissenswertes aus Ökologie, Geschichte und Mythos,* IHW-Verlag Eching, 1995

📖 Seibt, Siegfried, *Grundwissen Jägerprüfung*, Franckh-Kosmos Verlags-GmbH & Co.KG, 2. Auflage 2006

📖 Thorbecke, *Die Blumenuhr,* Jan Thorbecke Verlag, 2012

📖 Unterweger, Wolf-Dietmar u. Ursula, *Wettervorhersage von Tieren und Pflanzen,* Rosenheimer Verlagshaus GmbH & Co. KG, 2008

Mit Poesie durch das Jahr...

Veronika Puzio
Zauberhafte Wortgespinnste
108 Seiten, broschiert
ISBN 978-3-8370-4082-1, 14 EUR

Books on Demand, Norderstedt

Die Zeit am Feuer genießen…

Veronika Puzio
Knisternde Buchenzweige
104 Seiten, broschiert
ISBN 978-3-8423-5653-5, 9,90 EUR

Books on Demand, Norderstedt

Unsere Sprache neu betrachtet...

Veronika Puzio
Spiekst du noch Dänglisch... oder tokst du scho Internäschenel?
44 Seiten, broschiert
Derzeit nur über die Autorin beziehbar, 6 EUR zzgl. Versand

Books on Demand, Norderstedt